ぼくは、牛乳パックの船の作り方。

光村の国語

みんなが書ける！あつめて、まとめて、書く技術 1

観察記録を書く
説明文を書く
感じたことを書く
読書感想文を書く
詩を書く

光村教育図書

光村の国語

みんなが書《か》ける！　あつめて、まとめて、書《か》く技術《ぎじゅつ》 ❶

観察記録《かんさつきろく》を書《か》く 説明文《せつめいぶん》を書《か》く 感《かん》じたことを書《か》く 読書感想文《どくしょかんそうぶん》を書《か》く 詩《し》を書《か》く

目次《もくじ》

〈この本《ほん》について〉

●この本《ほん》では、「書《か》く」活動《かつどう》を取《と》り上《あ》げ、書《か》くための材料《ざいりょう》を「あつめて」、「まとめて」、実際《じっさい》に文章《ぶんしょう》を「書《か》く」までの流《なが》れを紹介《しょうかい》しています。

●技術《ぎじゅつ》のページでは、文章《ぶんしょう》をわかりやすく読《よ》みやすく書《か》くための、基本《きほん》的《てき》な「書《か》く技術《ぎじゅつ》」を紹介《しょうかい》しています。活動《かつどう》のページで実際《じっさい》の活用《かつよう》のしかたを確認《かくにん》することで、それぞれの「書《か》く技術《ぎじゅつ》」を理解《りかい》し、習得《しゅうとく》できるように構成《こうせい》しています。

●活動《かつどう》のページでは、目的別《もくてきべつ》に、書《か》くための材料《ざいりょう》の集《あつ》め方《かた》（取材《しゅざい》のしかた）と、集《あつ》めた材料《ざいりょう》の整理《せいり》のしかたやまとめ方《かた》、さらに書《か》きあげた実例《じつれい》を紹介《しょうかい》しています。特《とく》に、「書《か》く」活動《かつどう》で大切《たいせつ》にしたい、集《あつ》めた材料《ざいりょう》の整理《せいり》のしかたやまとめ方《かた》は丁寧《ていねい》に解説《かいせつ》しています。

●この本《ほん》では、「書《か》く」活動《かつどう》の手順《てじゅん》を一《ひと》つ一《ひと》つ丁寧《ていねい》に紹介《しょうかい》していますが、実際《じっさい》の場面《ばめん》では、必《かなら》ずしも手順《てじゅん》どおりに進《すす》める必要《ひつよう》はありません。活動《かつどう》の場面《ばめん》の実態《じったい》に合《あ》わせて、必要《ひつよう》な部分《ぶぶん》を選《えら》んで実践《じっせん》してください。

技術《ぎじゅつ》1 主《しゅ》語《ご》と述《じゅつ》語《ご》を合《あ》わせる

→活動《かつどう》4 46ページ

ぼくのおじさんは、ひこうきのパイロットです。おじさんは、たくさんの人《ひと》を乗《の》せて、いろいろな国《くに》へ行《い》きます。

ぼくのゆめは、おじさんのようなパイロットになりたいです。

主語
述語
主《しゅ》語《ご》と述《じゅつ》語《ご》が合《あ》っていない文《ぶん》がありますね。

あれ、なんかへんだよ。

え。そうかな。

え?

主語《しゅご》は、文《ぶん》の中《なか》で「だれが（は）」「何《なに》が（は）」に当《あ》たることば、述語《じゅつご》は「どうした（どうする）」「どんなだ」「なんだ」に当《あ》たることばのことです。

- 弟《おとうと》が 本《ほん》を 読《よ》む。
  主語《しゅご》（だれが） 述語《じゅつご》（どうする）
- わたしは 小学生《しょうがくせい》です。
  主語《しゅご》（だれは） 述語《じゅつご》（なんだ）
- チューリップが さいた。
  主語《しゅご》（何《なに》が） 述語《じゅつご》（どうした）
- 教室《きょうしつ》は いつも にぎやかです。
  主語《しゅご》（何《なに》は） 述語《じゅつご》（どんなだ）

前《まえ》や後《うし》ろの文《ぶん》を読《よ》めば主語《しゅご》が何《なに》かがわかるときは、主語《しゅご》を書《か》かないこともあるよ。

〈主語《しゅご》がない文《ぶん》〉

（姉《あね》は、さっき家《いえ》に帰《かえ》ってきた。）そして、また すぐに出《で》かけた。
述語《じゅつご》（どうした）

主語《しゅご》と述語《じゅつご》が合《あ》わないと、おかしな文《ぶん》になったり、ちがう意味《いみ》に受《う》け取《と》られたりするので注意《ちゅうい》しましょう。

？ ぼくのゆめは、パイロットになりたいです。

◎ ぼくのゆめは、パイロットになることです。

「ゆめは、○○になることです。」とすればよかったんだね。

次《つぎ》の文《ぶん》もなんだかへんだよ。お姉《ねえ》ちゃんは勉強《べんきょう》が得意《とくい》なのに、宿題《しゅくだい》を教《おし》えてもらうのかな。

？ お姉《ねえ》ちゃんは、勉強《べんきょう》が得意《とくい》なので、宿題《しゅくだい》を教《おし》えてもらいます。

◎ お姉《ねえ》ちゃんは、勉強《べんきょう》が得意《とくい》なので、ぼくは、宿題《しゅくだい》を教《おし》えてもらいます。

だれが教《おし》えてもらうのかがわかるように、主語《しゅご》をきちんと書《か》くといいんだね。

技術《ぎじゅつ》2

わかりやすい文《ぶん》を書《か》く

→活動《かつどう》3 40ページ
→活動《かつどう》5 52ページ

帰《かえ》り道《みち》にあったことを文章《ぶんしょう》に書《か》きました。

学校《がっこう》帰《がえ》りに絵里《えり》ちゃんと歩《ある》いていると、向《む》こうから犬《いぬ》をつれたおばさんが歩《ある》いてきて、かわいい犬《いぬ》ですねと言《い》ったら、犬《いぬ》はクウという名前《なまえ》だと教《おし》えてくれて、クウの頭《あたま》をなでさせてもらったら、ふわふわしていて気持《きも》ちよかったです。

ずいぶん長《なが》い文《ぶん》だね。いろいろな出来事《できごと》が書《か》いてあるのに、丸《まる》（。）が一《ひと》つしかないよ。

文《ぶん》が長《なが》いと、意味《いみ》がわかりにくくなってしまいます。

文章《ぶんしょう》を書《か》くときは、どこまでを一《ひと》つの文《ぶん》にするか、考《かんが》えましょう。

まずは、右《みぎ》のページの文章《ぶんしょう》を短《みじか》い文《ぶん》に分《わ》けてみましょう。

❶学校帰《がっこうがえ》りに絵里《えり》ちゃんと歩《ある》いていました。
❷向《む》こうから犬《いぬ》をつれたおばさんが歩《ある》いてきました。
❸かわいい犬《いぬ》ですねと言《い》いました。
❹犬《いぬ》はクウという名前《なまえ》だと教《おし》えてくれました。
❺クウの頭《あたま》をなでさせてもらいました。
❻ふわふわしていました。
❼気持《きも》ちよかったです。

読《よ》みやすくなったけど、だれが何《なに》をしたのかとか、文《ぶん》と文《ぶん》がどうつながるのかがよくわからないよ。

では、文章《ぶんしょう》がわかりやすくなるように、主語《しゅご》をつけ足《た》したり、二《ふた》つの文《ぶん》をつないだりしてみましょう。

主語《しゅご》をつけ足《た》した。

❶学校帰《がっこうがえ》りに絵里《えり》ちゃんと歩《ある》いていると、❷向《む》こうから犬《いぬ》をつれたおばさんが歩《ある》いてきました。❸わたしたちは、かわいい犬《いぬ》ですねと言《い》いました。❹おばさんが、犬《いぬ》はクウという名前《なまえ》だと教《おし》えてくれました。❺わたしたちは、クウの頭《あたま》をなでさせてもらいました。❻クウの頭《あたま》は、ふわふわしていて❼気持《きも》ちよかったです。

二《ふた》つの文《ぶん》をつないだ。

これならわかりやすいね。文章《ぶんしょう》を書《か》いたら読《よ》み直《なお》して、わかりやすいかどうか、たしかめるといいんだね。

技術《ぎじゅつ》3

句《く》読《とう》点《てん》の打《う》ち方《かた》

→ 活動《かつどう》3 41ページ
→ 活動《かつどう》4 47ページ

技術《ぎじゅつ》3 句読点《くとうてん》の打《う》ち方《かた》

「句読点《くとうてん》」というのは、文章《ぶんしょう》で使《つか》われる句点《くてん》（。）と読点《とうてん》（、）のことです。句点《くてん》（。）は、文《ぶん》の終《お》わりに打《う》ちます。読点《とうてん》（、）は、「だれが」「何《なに》は」のあとなど、文《ぶん》の中《なか》の切《き》れ目《め》に打《う》ちます。

- ぼくのすきな教科《きょうか》は、体育《たいいく》だ。（読点《とうてん》／句点《くてん》）
- 五時《ごじ》になったので、家《いえ》に帰《かえ》りましょう。
- 夏《なつ》は、暑《あつ》いので苦手《にがて》だ。でも、夏休《なつやす》みは、うれしい。
- 用意《ようい》するものは、色紙《いろがみ》、はさみ、のりです。
- 山下先生《やましたせんせい》、こんにちは。

読点《とうてん》（、）を打《う》つと、文《ぶん》の中《なか》の切《き》れ目《め》がわかって読《よ》みやすいよ。

文《ぶん》の長《なが》さに関係《かんけい》なく、どんな文《ぶん》でも最後《さいご》に句点《くてん》（。）を打《う》つんだね。

読点《とうてん》（、）がないと、意味《いみ》がわかりにくい文《ぶん》もあります。

? 君《きみ》はしらないんだね。

「しらない（知《し》らない）」かな。「はしらない（走《はし》らない）」かな。

君《きみ》は、しらないんだね。（知《し》らない）

君《きみ》、はしらないんだね。（走《はし》らない）

? ぼくは大《おお》あわてで出《で》かけた弟《おとうと》を追《お》いかけた。

「大《おお》あわて」なのは、「ぼく」と「弟《おとうと》」どっちだろう。

ぼくは大《おお》あわてで、出《で》かけた弟《おとうと》を追《お》いかけた。

（大《おお》あわてなのは、「ぼく」）

ぼくは、大《おお》あわてで出《で》かけた弟《おとうと》を追《お》いかけた。

（大《おお》あわてなのは、「弟《おとうと》」）

右《みぎ》のページの文章《ぶんしょう》は、「ぼくは、光太《こうた》くんと真《まこと》くんを……」と書《か》けばよかったんだね。

技術《ぎじゅつ》4

場所《ばしょ》を説明《せつめい》する

→活動《かつどう》2 35ページ

黒板《こくばん》の横《よこ》には、先生《せんせい》のつくえがあります。
後《うし》ろはロッカーです。
そうじ用具入《ようぐい》れと学級文庫《がっきゅうぶんこ》は、ロッカーのとなりです。
ロッカーの上《うえ》には、すいそうがあります。はちうえの花《はな》もおいてあります。

わたしたちの教室《きょうしつ》の様子《ようす》を書《か》いたよ。

「横《よこ》」や「となり」って右《みぎ》かな。左《ひだり》かな。ロッカーが「後《うし》ろ」というのは、どこから見《み》て言《い》っているの。

物《もの》の場所《ばしょ》を説明《せつめい》するときは、正《ただ》しくつたわるように書《か》き方《かた》を工夫《くふう》しましょう。

「どこから見《み》たときにそう見《み》えるか」をよく考《かんが》えるといいですね。

では、左《ひだり》の教室《きょうしつ》の絵《え》を見《み》ながら、物《もの》の場所《ばしょ》を説明《せつめい》しましょう。

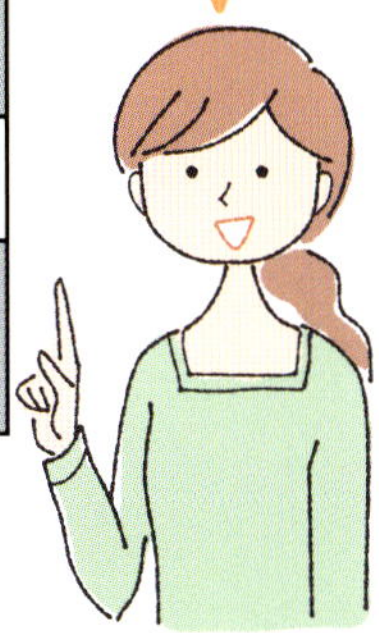

ア 教室《きょうしつ》の前《まえ》の方《ほう》の、黒板《こくばん》に向《む》かって左《ひだり》がわに、先《せん》生《せい》のつくえがあります。

イ 先生《せんせい》のつくえの後《うし》ろに、たながあります。たなの上《うえ》に、テレビがあります。

ウ オルガンは、先生《せんせい》のつくえの近《ちか》くのまどがわにあります。

エ ロッカーは、教室《きょうしつ》の後《うし》ろにあります。

オ そうじ用具《ようぐ》入《い》れの場所《ばしょ》は、ロッカーに向《む》かって左《ひだり》がわです。

見《み》る方向《ほうこう》を決《き》めたり、他《ほか》の物《もの》の場所《ばしょ》とくらべたりすると、わかりやすいね。

カ 学級文庫《がっきゅうぶんこ》は、ロッカーの右《みぎ》どなりにあります。

キ ロッカーの右《みぎ》はしの上《うえ》に、すいそうがあります。

ク すいそうの中《なか》には、カメが一《いっ》ぴきいます。

ケ はちうえの花《はな》は、すいそうとじょうろの間《あいだ》にあります。

技術《ぎじゅつ》5 見《み》た様子《ようす》やさわった感《かん》じを書《か》く

→活動《かつどう》1 27・28ページ
→活動《かつどう》6 60ページ

ぼくのかっているねこは、ミイという名前《なまえ》です。ミイの毛《け》は白《しろ》くて、目《め》は青色《あおいろ》です。

ミイは、外《そと》をながめるのが大《だい》すきです。いつも出《で》まどから外《そと》を見《み》ています。

うちのペットのことを文章《ぶんしょう》に書《か》いたよ。

どんなねこか、もっとくわしく知《し》りたいな。

うーん
読《よ》んだ人《ひと》が、ミイの様子《ようす》を正《ただ》しく想像《そうぞう》できるように書《か》くといいですね。

毛《け》や目《め》の様子《ようす》や外《そと》をながめる様子《ようす》がどんなふうか、よくつたわるように工夫《くふう》して書《か》きましょう。

何《なに》かにたとえて表《あらわ》す。

たとえをうまく使《つか》うと、様子《ようす》がよりよくつたわりますよ。ここでは、「みたいに」や「ように」ということばを使《つか》って、次《つぎ》のようにたとえています。

・真《ま》っ白《しろ》な毛《け》 ➡ ふったばかりの雪《ゆき》
・さわったときの感《かん》じ ➡ わた
・青《あお》くてくりんとした目《め》 ➡ ビー玉《だま》

ぼくのかっているねこは、ミイという名前《なまえ》です。

ミイの毛《け》は、ふさふさしていて、ふったばかりの雪《ゆき》みたいに真《ま》っ白《しろ》です。さわるとわたのようにふわふわしています。ミイの目《め》は、ビー玉《だま》みたいに青《あお》くてくりんとしています。

ミイは、外《そと》をながめるのが大《だい》すきです。毎朝《まいあさ》、ごはんを食《た》べ終《お》わると、台所《だいどころ》の出《で》まどにぴょんととび乗《の》って、ときどきしっぽをたてに動《うご》かしながら、長《なが》い間《あいだ》、じっと外《そと》を見《み》ています。

様子《ようす》を表《あらわ》すことばを使《つか》う。

長《なが》くてやわらかい毛《け》の様子《ようす》を「ふさふさ」や「ふわふわ」ということばで表《あらわ》したよ。目《め》の形《かたち》は「くりんと」ということばがぴったりなんだ。とび乗《の》る様子《ようす》や外《そと》を見《み》ている様子《ようす》は、「ぴょんと」や「じっと」と表《あらわ》してみたよ。

動《うご》きを見《み》たとおりに書《か》く。

どんなふうに動《うご》くのか、よく観察《かんさつ》して書《か》いていて、わかりやすいね。

技術《ぎじゅつ》6 聞《き》いた音《おと》を書《か》く

→ 活動《かつどう》6 60ページ

二十日《はつか》の夜《よる》は、ひどい天気《てんき》でした。
夕方《ゆうがた》からふり始《はじ》めた雨《あめ》が、夜《よる》にははげしくなりました。
風《かぜ》も強《つよ》かったので、とてもこわかったです。

この間《あいだ》の大雨《おおあめ》の夜《よる》のことを書《か》いたよ。

天気《てんき》がどうひどかったかが、もっとよくわかるといいな。

雨《あめ》や風《かぜ》の立《た》てる音《おと》をうまくことばで表《あらわ》して、どんなに雨《あめ》と風《かぜ》が強《つよ》かったかがつたえられるといいですね。

二十日《はつか》の夜《よる》は、ひどい天気《てんき》でした。

夕方《ゆうがた》からポツポツとふり始《はじ》めた雨《あめ》が、夜《よる》にはザーザーとはげしくふり出《だ》しました。雨《あめ》の音《おと》が大《おお》きくて、テレビの音《おと》が聞《き》こえないくらいでした。

風《かぜ》も強《つよ》かったので、ときどき、まどガラスに雨《あめ》が当《あ》たって、バチバチと音《おと》を立《た》てました。風《かぜ》で、まどガラスがガタガタとふるえたりもしました。だれかがまどをゆらしているようで、とてもこわかったです。

程度《ていど》の表《あらわ》し方《かた》を工夫《くふう》する。

大《おお》きさや強《つよ》さなど、程度《ていど》の表《あらわ》し方《かた》を工夫《くふう》しましょう。ここでは、雨《あめ》の音《おと》がどのくらい大《おお》きかったかを、「テレビの音《おと》が聞《き》こえないくらい」と表《あらわ》しています。

音《おと》や様子《ようす》を表《あらわ》すことばを使《つか》う。

ふり始《はじ》めの弱《よわ》い雨《あめ》は「ポツポツ」、はげしい雨《あめ》は「ザーザー」と表《あらわ》したよ。まどガラスの立《た》てる大《おお》きな音《おと》も、読《よ》む人《ひと》にうまくつたわるといいな。

何《なに》かにたとえて表《あらわ》す。

風《かぜ》でまどガラスがふるえる様子《ようす》を、だれかがまどをゆらす様子《ようす》にたとえたんだね。そのときの様子《ようす》がよくわかるよ。

技術《ぎじゅつ》7 見《み》出《だ》しをつける

→活動《かつどう》2 35ページ

西里小学校《にしさとしょうがっこう》の植物《しょくぶつ》

西里小学校《にしさとしょうがっこう》は、緑《みどり》の多《おお》い学校《がっこう》です。どんな植《しょく》物《ぶつ》があるのか、しょうかいします。

校庭《こうてい》には木《き》が植《う》えてあります。正門《せいもん》がわにあるのは、サクラの木《き》です。遊《ゆう》具《ぐ》がわにあるのは、フジやモミジの木《き》です。

正門《せいもん》のわきや体育館《たいいくかん》の前《まえ》など、いろいろなところに花《か》だんがあります。花《か》だんには、きせつごとにちがう花《はな》がさきます。チューリップやキンギョソウ、サルビア、ビオラなどです。

こうしゃのうらにはビオトープがあります。ドングリのなるコナラやクヌギ、グミの木《き》、アザミなどが生《は》えています。

他《ほか》の人《ひと》にわかりやすくしめすには、文章《ぶんしょう》を内容《ないよう》ごとに分《わ》けて、小見出《こみだ》しをつけるとよいですね。

文章全体《ぶんしょうぜんたい》の内容《ないよう》を表《あらわ》すのが「題名《だいめい》（大見出《おおみだ》し）」です。文章《ぶんしょう》をいくつかのまとまりに分《わ》けたときは、まとまりごとに、それぞれの内容《ないよう》を表《あらわ》す「小見出《こみだ》し」をつけます。

とくに、説明《せつめい》する文章《ぶんしょう》や記《き》録《ろく》の文章《ぶんしょう》などでは、小見出《こみだ》しをつけるとよりわかりやすくなります。

ぼくは、学校《がっこう》にある植物《しょくぶつ》を、場所《ばしょ》ごとにしょうかいしたよ。文章《ぶんしょう》を場所《ばしょ》ごとに分《わ》けて、どの場所《ばしょ》のことが書《か》かれているかがわかるような小見《こみ》出《だ》しをつけたよ。

題名《だいめい》（大見出《おおみだ》し）

小見出《こみだ》し

西里小学校《にしさとしょうがっこう》の植物《しょくぶつ》

西里小学校《にしさとしょうがっこう》は、緑《みどり》の多《おお》い学校《がっこう》です。どんな植《しょく》物《ぶつ》があるのか、しょうかいします。

校庭《こうてい》の植物《しょくぶつ》

校庭《こうてい》には木《き》が植《う》えてあります。正門《せいもん》がわにあるのは、サクラの木《き》です。遊具《ゆうぐ》がわにあるのは、フジやモミジの木《き》です。

花《か》だんの植物《しょくぶつ》

正門《せいもん》のわきや体育館《たいいくかん》の前《まえ》など、いろいろなところに花《か》だんがあります。花《か》だんには、きせつごとにちがう花《はな》がさきます。チューリップやキンギョソウ、サルビア、ビオラなどです。

ビオトープの植物《しょくぶつ》

こうしゃのうらにはビオトープがあります。ドングリのなるコナラやクヌギ、グミの木《き》、アザミなどが生《は》えています。

技術《ぎじゅつ》8 かじょう書《が》きをする

→ 活動《かつどう》2 34ページ

アサガオのたねのまき方《かた》を説明《せつめい》する文章《ぶんしょう》を書《か》きました。

アサガオのたねのまき方《かた》
アサガオのたね、ばいよう土《ど》、小石《こいし》、はち、スコップをじゅんびします。はちのそこに、小石《こいし》をしいて、その上《うえ》にばいよう土《ど》をふんわり入《い》れます。土《つち》に、人《ひと》さし指《ゆび》の一《ひと》つ目《め》のかんせつくらいの深《ふか》さのあなをあけます。あなにたねを入《い》れます。たねは、丸《まる》くふくらんだほうを上《うえ》にします。たねをあなに入《い》れたら、土《つち》をかぶせます。かぶせた土《つち》を強《つよ》くおさえると、めが出《で》にくくなるので気《き》をつけましょう。
1
2
3
全部《ぜんぶ》つづけて書《か》いてあるから、読《よ》むのがたいへんだよ。どうしたら、見《み》てすぐにわかるようになるかな。
「かじょう書《が》き」にすると、書《か》いてあることがひと目《め》でわかるようになりますよ。

「かじょう書《が》き」とは、「・」などの記号《きごう》や数字《すうじ》などを使《つか》って、短《みじか》く分《わ》けてならべて書《か》く書《か》き方《かた》のことです。右《みぎ》のページの文章《ぶんしょう》を、かじょう書《が》きにしてみましょう。

アサガオのたねのまき方《かた》

①アサガオのたね、ばいよう土《ど》、小石《こいし》、はち、スコップをじゅんびします。②はちのそこに、小石《こいし》をしいて、その上《うえ》にばいよう土《ど》をふんわり入《い》れます。③土《つち》に、人《ひと》さし指《ゆび》の一《ひと》つ目《め》のかんせつくらいの深《ふか》さのあなをあけます。④あなにたねを入《い》れます。たねは、丸《まる》くふくらんだほうを上《うえ》にします。⑤たねをあなに入《い》れたら、土《つち》をかぶせます。かぶせた土《つち》を強《つよ》くおさえると、めが出《で》にくくなるので気《き》をつけましょう。

アサガオのたねのまき方《かた》

①次《つぎ》のものをじゅんびします。
・アサガオのたね　・ばいよう土《ど》
・小石《こいし》　・はち　・スコップ
②はちのそこに、小石《こいし》をしいて、その上《うえ》にばいよう土《ど》をふんわり入《い》れます。
③土《つち》に、人《ひと》さし指《ゆび》の一《ひと》つ目《め》のかんせつくらいの深《ふか》さのあなをあけます。
④あなにたねを入《い》れます。たねは、丸《まる》くふくらんだほうを上《うえ》にします。
⑤たねをあなに入《い》れたら、土《つち》をかぶせます。かぶせた土《つち》を強《つよ》くおさえると、めが出《で》にくくなるので気《き》をつけましょう。

じゅんびするものは「・」を使《つか》って、することは①②③…の数字《すうじ》を使《つか》って、かじょう書《が》きにしたよ。ひと目《め》でよくわかるようになったね。

技術《ぎじゅつ》9　原稿用紙《げんこうようし》の使《つか》い方《かた》

原稿用紙《げんこうようし》を使《つか》って書《か》くときは、次《つぎ》のようなことに気《き》をつけましょう。

題名《だいめい》は一行目《いちぎょうめ》に、三字《さんじ》くらい下《さ》げて書《か》きます。

名前《なまえ》は二行目《にぎょうめ》の下《した》がわに、下《した》に一字空《いちじあ》けて書《か》きます。

会話文《かいわぶん》を書《か》くときは、かぎ(「　」)でかこんで、行《ぎょう》をかえて書《か》きます。

会話文《かいわぶん》の終《お》わりの句点《くてん》(。)とかぎ(」)は、同《おな》じマスに書《か》きます。

　　　おいしいことわざ調《しら》べ

　　　　　　　　　三年《さんねん》一組《いちくみ》　古川《ふるかわ》　ひとし

　この前《まえ》、父《ちち》とテレビで野球《やきゅう》を見《み》ていた。相《あい》
手《て》チームのミスで点数《てんすう》が入《はい》ったとき、
「今《いま》のは、たなぼたの一点《いってん》だな。」
と父《ちち》が言《い》った。どういう意味《いみ》かわからなかっ
たので父《ちち》に聞《き》いたら、「たなからぼたもち」
ということわざを短《みじか》くした言《い》い方《かた》で、運《うん》がよ

書《か》きはじめや段落《だんらく》のはじめは、一字下《いちじさ》げて書《か》きます。

読点《とうてん》(、)と句点《くてん》(。)は、、。のように、マスの中《なか》の右上《みぎうえ》に書《か》きます。

かぎ(「 」)は、ふつう、一《ひと》マス使《つか》って書《か》きます。

「花のように、はじめのかぎと文字《もじ》を、同《おな》じマスに書《か》かないようにするよ。

行《ぎょう》のはじめに、読点《とうてん》(、)や句点《くてん》(。)、終《お》わりのかぎ(」)がくるときは、前《まえ》の行《ぎょう》の最後《さいご》のマスに、文字《もじ》といっしょに書《か》きます。

。それを聞のように、行《ぎょう》のはじめに読点《とうてん》(、)や句点《くてん》(。)を書《か》かないように気《き》をつけよう。

いというような意味《いみ》だと教《おし》えてくれた。
　ぼたもちとは、むしたもち米《ごめ》を丸《まる》めて、あんこやきなこなどをまぶした食《た》べ物《もの》のことだ。それを聞《き》いて、おいしそうなことわざだなあと思《おも》ったので、他《ほか》にも食《た》べ物《もの》の出《で》てくることわざがないか調《しら》べてみることにした。
　まず家族《かぞく》に、知《し》っていることわざを聞《き》いてみたら、「花《はな》よりだんご」や「えびでたいをつる」など、全部《ぜんぶ》で五《いつ》つのことわざを教《おし》えてくれた。それぞれ、じてんで意味《いみ》を調《しら》べてみると、次《つぎ》のような意味《いみ》だった。
「花《はな》よりだんご」は、……

技術《ぎじゅつ》10 文《も》字《じ》に気《き》をつける

日《にち》ようびに、かぞくで水《すい》ぞくかんに行《い》きました。いろいろな生《い》き者《もの》を見《み》ましたが、その中《なか》でとくに楽《たの》しかったのは、いるかのショーです。いるかは、係《かかり》の人《ひと》の合図《あいず》で、一頭《いっとう》づつ大《おお》きくじゃんぷしたり、なき声《ごえ》を出《だ》したりしていました。きゅうきゅうとゆう声《こえ》が、かわいいなと思《おも》いました。

日曜日《にちようび》に、水族館《すいぞくかん》に行《い》ったことを書《か》いたよ。

ひらがなが多《おお》くて、ちょっと読《よ》みにくいね。

「生《い》きもの」の「もの」は、「者《もの》」でいいのかな。「じゃんぷ」って、かたかなで書《か》くんじゃないのかな。

ひらがなが多《おお》いと、ことばの切《き》れ目《め》がわかりにくいので、少《すこ》し読《よ》みにくくなります。使《つか》い方《かた》に気《き》をつけながら、習《なら》った漢字《かんじ》はできるだけ使《つか》って書《か》くといいですね。ひらがなやかたかなの使《つか》い方《かた》にも気《き》をつけましょう。

次《つぎ》のようなことに気《き》をつけて、右《みぎ》のページの文章《ぶんしょう》を直《なお》してみましょう。

・習《なら》った漢字《かんじ》はできるだけ使《つか》う。
・形《かたち》のにている漢字《かんじ》や同《おな》じ読《よ》み方《かた》をする漢字《かんじ》に気《き》をつける。
・送《おく》りがなのまちがいに気《き》をつける。
・「ずつ」や「いう」など、ひらがなの正《ただ》しい使《つか》い方《かた》に気《き》をつける。
・外国《がいこく》からきたことばや、外国《がいこく》の国《くに》や人《ひと》の名前《なまえ》は、かたかなで書《か》く。
・動物《どうぶつ》の鳴《な》き声《ごえ》や、音《おと》を表《あらわ》すことばは、かたかなで書《か》く。

日《にち》ようびに、かぞくで水《すい》ぞくかんに行《い》きました。いろいろな生《い》き者《もの》を見《み》ましたが、その中《なか》でとくに楽《たの》かったのは、いるかのシヨーです。いるかは、係《かかり》の人《ひと》の合図《あいず》で、一頭《いっとう》づつ大《おお》きくじゃんぷしたり、なき声《ごえ》を出《だ》したりしていました。きゅうきゅうとゆう声《こえ》が、かわいいなと思《おも》いました。

曜日《ようび》
家族《かぞく》
族館《ぞくかん》
物《もの》
楽《たの》しかった
ショー
ず
ジャンプ
鳴《な》
キュウキュウ
い

わからないときは、じてんなどを使《つか》って、きちんと調《しら》べるよ。

文章《ぶんしょう》を書《か》いたら、書《か》いた文《も》字にまちがいがないか、かならずたしかめよう。

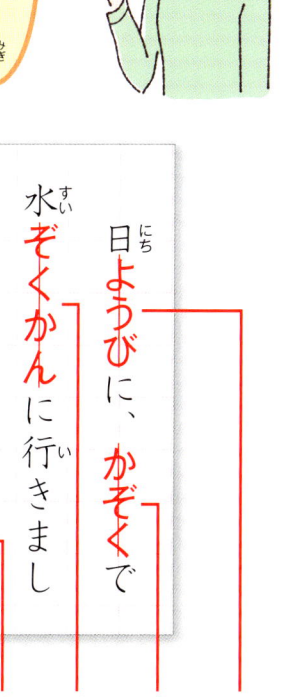

活動《かつどう》 1

観察記録《かんさつきろく》を書《か》く

動物《どうぶつ》や植物《しょくぶつ》などを，見《み》たり，さわったり，においをかいだりして，わかったことを記録《きろく》します。様子《ようす》や動《うご》きがよくつたわるように，工夫《くふう》して書《か》きましょう。

1 観《かん》察《さつ》のしかたをたしかめる

何《なに》かを観察《かんさつ》するときは、大《おお》きさや形《かたち》、様子《ようす》や動《うご》きなどをていねいに観察《かんさつ》します。次《つぎ》のような点《てん》に注目《ちゅうもく》して、観察《かんさつ》しましょう。

うさぎ

動《うご》き
・鼻《はな》をひくひくさせている。

大《おお》きさ
・体《からだ》は両《りょう》うでにおさまるくらいの大《おお》きさ。
・耳《みみ》はわたしの中指《なかゆび》より，少《すこ》し長《なが》い。

さわった感《かん》じ
・毛《け》はやわらかくて，ふわふわしている。

形《かたち》や色《いろ》
・茶色《ちゃいろ》で，おなかだけ白《しろ》い。
・目《め》はまん丸《まる》で黒《くろ》い。

音《おと》(鳴《な》き声《ごえ》)
・ブウブウという小《ちい》さな音《おと》を出《だ》す。

活動《かつどう》の流《なが》れ
1 観察《かんさつ》のしかたをたしかめる
注目《ちゅうもく》 2 観察《かんさつ》してメモを取《と》る
3 観察記録《かんさつきろく》を書《か》く

形《かたち》や色《いろ》を見《み》るときは、いろいろな方《ほう》向《こう》から見《み》てみよう。

動《どう》物《ぶつ》を観《かん》察《さつ》するときは、動《うご》きにも注《ちゅう》目《もく》しよう。

色《いろ》や形《かたち》
- 白《しろ》い花《はな》びらの真《ま》ん中《なか》に、おわんのような形《かたち》の黄《き》色《いろ》い部《ぶ》分《ぶん》がある。
- 葉《は》の先《さき》が丸《まる》い。

におい
- あまいにおいがする。

スイセン

さわった感《かん》じ
- 葉《は》はつるつるしている。

大《おお》きさ
- 花《はな》の高《たか》さは40cmくらい。
- 葉《は》はくきと同《おな》じくらいの長《なが》さ。

数《かず》
- 1つのくきに5つの花《はな》がさいている。
- 花《はな》びらは6まい。

数《かず》や大《おお》きさなどは、数《かぞ》えたりはかったりして、正《せい》確《かく》に記《き》録《ろく》するよ。

大《おお》きさなどは、何《なに》かとくらべて表《あらわ》してもいいね。

2 観《かん》察《さつ》してメモを取《と》る

注目《ちゅうもく》

動物《どうぶつ》や植物《しょくぶつ》など、身《み》のまわりのものを観察《かんさつ》してみましょう。

観察《かんさつ》するときは、いろいろな点《てん》に注目《ちゅうもく》して、ていねいに観察《かんさつ》します。全体《ぜんたい》を見《み》るだけでなく、一部分《いちぶぶん》に注目《ちゅうもく》して見《み》ることも大事《だいじ》です。

気《き》がついたことは、わすれないように、ノートなどにメモしておきましょう。

クラスでかっているかめが、水《みず》から出《で》て木《き》の台《だい》に上《のぼ》る様子《ようす》を観察《かんさつ》したよ。体《からだ》の動《うご》きに注目《ちゅうもく》して、気《き》づいたことをメモしたよ。

メモには、観察《かんさつ》した日《ひ》づけ、曜日《ようび》、天気《てんき》も書《か》こう。

6月《がつ》18日《にち》（木《もく》）　晴《は》れ

・首《くび》をゆっくり上《うえ》にのばして，水《みず》から顔《かお》を出《だ》した。

・両方《りょうほう》の前足《まえあし》をのばした。

・台《だい》につかまった。

かめの前足《まえあし》

3 観察記録《かんさつきろく》を書《か》く

2で書《か》いたメモをもとに、観察記録《かんさつきろく》を書《か》くよ。次《つぎ》のことにも気《き》をつけよう。

見《み》た様子《ようす》を書《か》く

技術《ぎじゅつ》5 12ページ

観察《かんさつ》したことを書《か》くときは、読《よ》む人《ひと》に、様子《ようす》がよくつたわるように工夫《くふう》して書《か》きましょう。

何《なに》かにたとえたり、音《おと》や様子《ようす》を表《あらわ》すことばを使《つか》ったりすると、よりよくつたえることができます。

かめが台《だい》に上《のぼ》ったよ

六月十八日《ろくがつじゅうはちにち》（木《もく》）晴《は》れ

小林《こばやし》 はるか

かめが、木《き》の台《だい》に上《のぼ》るのを見《み》ました。

まず、かめは、首《くび》をゆっくり上《うえ》にのばして、水《みず》から顔《かお》を出《だ》しました。そして、両方《りょうほう》の前足《まえあし》をのばして、台《だい》につかまりました。かめの前足《まえあし》をよく見《み》ると、指《ゆび》が五《ご》本《ほん》あって、細《ほそ》くて先《さき》のとがったつめがついていました。

それからかめは、四本《よんほん》の足《あし》を使《つか》って、「よいしょ、よいしょ。」というように台《だい》をよじ上《のぼ》っていきました。

上《うえ》まで上《のぼ》ると、頭《あたま》をぐんと持《も》ち上《あ》げて、あたりを見回《みまわ》しました。

植物《しょくぶつ》の観察記録《かんさつきろく》のれい

今朝《けさ》、はじめてアサガオの花《はな》がさいたよ。花《はな》の様子《ようす》をよく見《み》て、観察記録《かんさつきろく》を書《か》くよ。

❶ 数《かず》を正確《せいかく》に書《か》く

花《はな》の数《かず》や草《くさ》たけなどは、数《かぞ》えたりはかったりして書《か》きましょう。ここでは、花《はな》の数《かず》や白《しろ》いすじの数《かず》を、数《かぞ》えて書《か》いています。

❷ 見《み》た様子《ようす》を書《か》く

↓技術《ぎじゅつ》5 12ページ

にている他《ほか》のものにたとえると、様子《ようす》がうまくつたわります。

アサガオの花《はな》の様子《ようす》

七月《しちがつ》十五日《じゅうごにち》(月《げつ》)晴《は》れ

まつだ　じろう

今日《きょう》、はじめて、アサガオの花《はな》がさきました。一本《いっぽん》のつるにはむらさき色《いろ》の花《はな》が一《ひと》つ、もう一本《いっぽん》のつるにはピンク色《いろ》の花《はな》が二《ふた》つの、合《あ》わせて三《みっ》つです。三《みっ》つとも、ぼくのにぎりこぶしぐらいの大《おお》きさでした。

アサガオの花《はな》は、ラッパのような形《かたち》をしています。よく見《み》ると、むらさき色《いろ》の花《はな》もピンク色《いろ》の花《はな》も、中心《ちゅうしん》は白《しろ》っぽい色《いろ》をしていました。そこから、外《そと》に向《む》かって、五本《ごほん》の太《ふと》くて白《しろ》いすじがのびていて、星《ほし》の形《かたち》がかいてあるように見《み》えました。

成長《せいちょう》する様子《ようす》を記録《きろく》する

成長《せいちょう》する様子《ようす》を記録《きろく》する場合《ばあい》は、時間《じかん》をおいて何回《なんかい》か観察《かんさつ》します。一回目《いっかいめ》は、いろいろな点《てん》から自由《じゆう》に観察《かんさつ》しましょう。二回目《にかいめ》よりあとは、前《まえ》の記録《きろく》を見《み》て、そのときとかわったところや、新《あたら》しい発見《はっけん》を記録《きろく》します。

アサガオの育《そだ》ち方《かた》

五月六日《ごがつむいか》（月《げつ》）くもり

めが開《ひら》いて葉《は》が出《で》ました。葉《は》は二《に》まいで、うすいみどり色《いろ》をしています。葉《は》の表面《ひょうめん》をさわってみると、つるつるしていました。草《くさ》たけは、一《いっ》センチメートルでした。

アサガオの育《そだ》ち方《かた》

五月八日《ごがつようか》（水《すい》）晴《は》れ

二《に》まいの葉《は》の間《あいだ》に、新《あたら》しい葉《は》が出《で》ました。新《あたら》しい葉《は》は、さいしょの二《に》まいとちがって細《こま》かい毛《け》が生《は》えていて、ざらざらしています。さいしょの二《に》まいの葉《は》は、二日《ふつか》前《まえ》よりこいみどり色《いろ》になって、少《すこ》し大《おお》きくなっていました。草《くさ》たけをはかると、二《に》センチメートルにのびていました。

めが出《で》たあとの、アサガオの様子《ようす》を観察《かんさつ》したよ。五月六日《ごがつむいか》と八日《ようか》でいちばんかわったことは、新《あたら》しい葉《は》が出《で》てきたことだ。新《あたら》しい葉《は》はさいしょの葉《は》とはちがっていたから、そのことを書《か》いたよ。

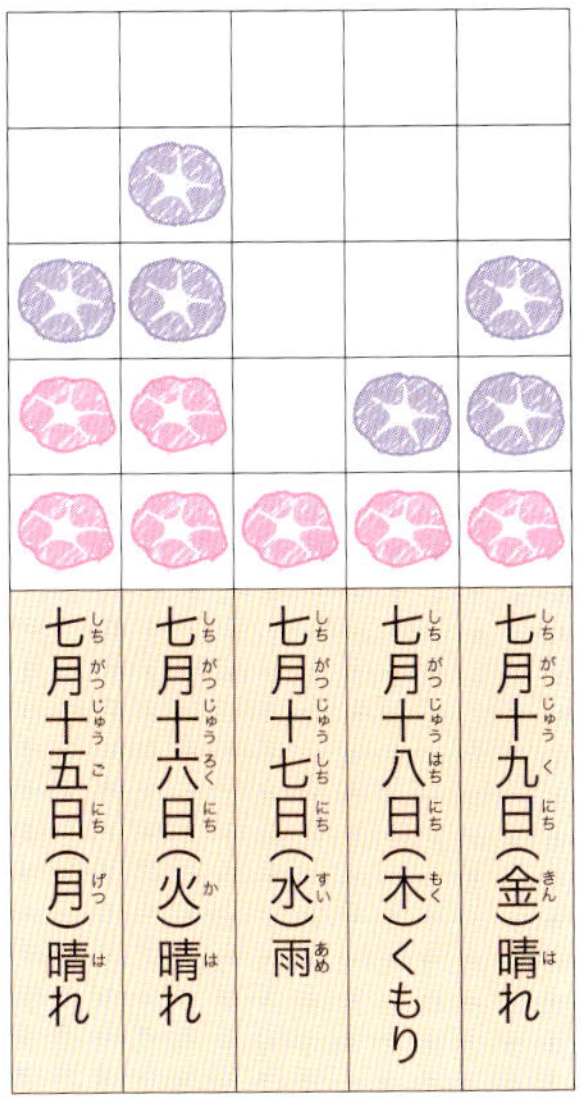

さいた花《はな》の数《かず》

花《はな》の数《かず》などは、絵《え》を使《つか》ったグラフにまとめてもわかりやすいね。

活動《かつどう》2

説明文《せつめいぶん》を書《か》く

—方法《ほうほう》を説明《せつめい》する—

作《つく》り方《かた》や遊《あそ》び方《かた》など，方法《ほうほう》を説明《せつめい》する文章《ぶんしょう》は，読《よ》んだ人《ひと》がまちがわずにできるように，順番《じゅんばん》にそって，わかりやすく書《か》きます。

活動《かつどう》の流《なが》れ

1 説明文《せつめいぶん》の書《か》き方《かた》をたしかめる

2 何《なに》を説明《せつめい》するかを決《き》める

注目《ちゅうもく》 3 書《か》くことを考《かんが》える

4 説明文《せつめいぶん》を書《か》く

1 説明文《せつめいぶん》の書《か》き方《かた》をたしかめる

作《つく》り方《かた》や遊《あそ》び方《かた》など、方法《ほうほう》を説明《せつめい》する文章《ぶんしょう》を見《み》てみましょう。

次《つぎ》の文章《ぶんしょう》は、おもちゃの作《つく》り方《かた》を説明《せつめい》したものです。ここでは、内容《ないよう》を「ざいりょうと道具《どうぐ》」「作《つく》り方《かた》」「遊《あそ》び方《かた》」の三《みっ》つに分《わ》けて、それぞれに小見出《こみだ》しをつけて書《か》いています。

ぶんぶんごまの作《つく》り方《かた》

三年《さんねん》一《いち》組《くみ》　上島《うえしま》　ゆうと

〈ざいりょうと道具《どうぐ》〉

・あつ紙《がみ》（二《に》まい）
・たこ糸《いと》（八十《はちじっ》センチメートルぐらい　一本《いっぽん》）
・はさみ　・のり　・きり　・カラーペン

〈作《つく》り方《かた》〉

まず、二《に》まいのあつ紙《がみ》を、丸《まる》や四角《しかく》などの形《かたち》に切《き》ります。二《に》まいのあつ紙《がみ》が、形《かたち》も大《おお》きさも同《おな》じにな

小見出《こみだ》しをつける

書《か》くことを内容《ないよう》ごとに分《わ》けたら、「小見出《こみだ》し」をつけます。そうすることで、どこに何《なに》が書《か》いてあるかが、ひと目《め》でわかるようになります。

▶ぶんぶんごま

るように切《き》りましょう。

次《つぎ》に、二《に》まいのあつ紙《がみ》をぴったり重《かさ》ねて、のりではり合《あ》わせます。

そして、はり合《あ》わせたあつ紙《がみ》の真《ま》ん中《なか》あたりに、きりであなを二《ふた》つあけます。あなとあなの間《あいだ》は一《いっ》センチメートルぐらいあけます。

それから、はり合《あ》わせたあつ紙《がみ》の両面《りょうめん》に、カラーペンでもようをかきます。

さいごに、二《ふた》つのあなにたこ糸《いと》を通《とお》して、たこ糸《いと》の両《りょう》はしをむすべば、かんせいです。

〈遊《あそ》び方《かた》〉

たこ糸《いと》の両《りょう》はしを指《ゆび》に通《とお》して持《も》ち、こまを手前《てまえ》に回《まわ》してたこ糸《いと》をねじっていきます。

たこ糸《いと》が両《りょう》はしまでねじれたら、左右《さゆう》に広《ひろ》げるように引《ひ》っぱります。すると、ブウンと音《おと》を立《た》ててこまが回《まわ》ります。

たこ糸《いと》がのびたら糸《いと》をゆるめ、また左右《さゆう》に引《ひ》っぱります。これをくり返《かえ》して遊《あそ》びます。

かじょう書《が》きをする

たくさんの事《こと》がらを書《か》くときは、「・」などの記号《きごう》を使《つか》って、ならべて書《か》きます。このような書《か》き方《かた》を「かじょう書《が》き」といいます。

順番《じゅんばん》どおりに書《か》く

作《つく》り方《かた》の順番《じゅんばん》にそって書《か》きます。

「まず」「次《つぎ》に」「さいごに」のような、順番《じゅんばん》を表《あらわ》すことばを使《つか》って書《か》くとわかりやすくなります。

2 何《なに》を説明《せつめい》するかを決《き》める

自分《じぶん》の知《し》っているおもちゃの作《つく》り方《かた》やゲームの遊《あそ》び方《かた》などを、それを知《し》らない人《ひと》に説明《せつめい》します。

まずは、何《なに》について説明《せつめい》するかを決《き》めましょう。

今度《こんど》のお楽《たの》しみ会《かい》では、レクリエーション係《がかり》で考《かんが》えたゲームをするんだ。クラスのみんなに、ゲームのやり方《かた》を書《か》いて説明《せつめい》しよう。

この間《あいだ》、「紙《かみ》のかえる」の作《つく》り方《かた》を、家《いえ》の人《ひと》に教《おし》えてもらったよ。クラスのみんなにも教《おし》えたいから、作《つく》り方《かた》を説《せつ》明《めい》する文章《ぶんしょう》を書《か》こう。

▲紙《かみ》のかえる

3 注目《ちゅうもく》 書《か》くことを考《かんが》える

① 「ざいりょうと道具《どうぐ》」に書《か》くことを考《かんが》える

1でたしかめた説明文《せつめいぶん》の書《か》き方《かた》にそって、「紙《かみ》のかえる」の作《つく》り方《かた》を説明《せつめい》する文章《ぶんしょう》に書《か》くことを考《かんが》えます。

「ざいりょうと道具《どうぐ》」からじゅんに、考《かんが》えてみましょう。

まずざいりょうを書《か》いて、次《つぎ》に道具《どうぐ》を書《か》こう。「・」を使《つか》って、一《ひと》つずつ分《わ》けて書《か》くよ。ざいりょうには、用意《ようい》する数《かず》や大《おお》きさなども正確《せいかく》に書《か》こう。

〈ざいりょうと道具《どうぐ》〉

・あつ紙《がみ》（たて八《はっ》センチメートル、横《よこ》五《ご》センチメートル　二《に》まい）　・わゴム（一本《いっぽん》）
・はさみ　・じょうぎ　・セロハンテープ
・色《いろ》えんぴつやペン

②「作《つく》り方《かた》」と「遊《あそ》び方《かた》」に書《か》くことを考《かんが》える

「作《つく》り方《かた》」には、することを順番《じゅんばん》に書《か》きます。書《か》くときは、作《つく》っている場面《ばめん》を思《おも》い出《だ》して、することがいくつの段階《だんかい》に分《わ》けられるかを考《かんが》えるとよいでしょう。段階《だんかい》ごとに、作《つく》っているとちゅうの絵《え》をかいて、その絵《え》を見《み》ながら説明《せつめい》のしかたを考《かんが》えると、うまく書《か》くことができます。

まず、二《に》まいのあつ紙《がみ》に切《き》りこみを入《い》れるよ（ア）。それから、あつ紙《がみ》どうしをつなぎ合《あ》わせるんだ（イ）。最後《さいご》は、切《き》りこみにわゴムをかけてでき上《あ》がりだね（ウ）。それぞれを絵《え》にしたら、こんなふうになったよ。

ア

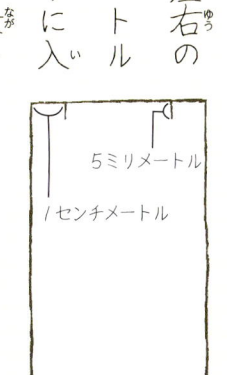

イ

ウ

㋐の絵《え》を見《み》ながら、説明《せつめい》の文章《ぶんしょう》を書《か》いてみたよ。切《き》りこみを入《い》れる場所《ばしょ》や切《き》りこみの長《なが》さは、「少《すこ》し」とか「てきとうに」ではわからない。「左右《さゆう》のはしから一《いっ》センチメートルのところ」や「五《ご》ミリメートルぐらい」のように書《か》こう。

まず、二《に》まいのあつ紙《がみ》の短《みじか》い辺《へん》のかた方《ほう》に、はさみで二《に》か所《しょ》、切《き》りこみを入《い》れます。切《き》りこみは、左右《さゆう》のはしから一《いっ》センチメートルのところに、絵《え》のように入《い》れます。切《き》りこみの長《なが》さは、五《ご》ミリメートルぐらいにします。

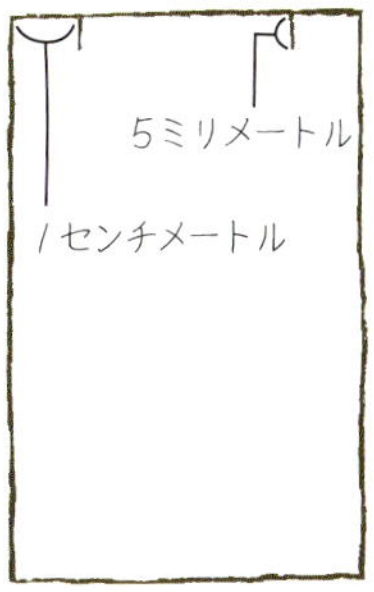

「作《つく》り方《かた》」が書《か》けたら、「遊《あそ》び方《かた》」の説明《せつめい》を書《か》きます。「作《つく》り方《かた》」と同《おな》じように、することを順番《じゅんばん》に思《おも》い出《だ》して、文章《ぶんしょう》にしていきましょう。

4 説明《せつめい》文《ぶん》を書《か》く

1の説明《せつめい》文《ぶん》の書《か》き方《かた》にそって「紙《かみ》のかえる」の作《つく》り方《かた》を説明《せつめい》する文章《ぶんしょう》を書《か》くよ。

❶ かじょう書《が》きをする

技術《ぎじゅつ》8 18ページ

たくさんの事《こと》がらを書《か》くときは、〈ざいりょうと道《どう》具《ぐ》〉のように、かじょう書《が》きにするとわかりやすくなります。

かじょう書《が》きには、次《つぎ》のように、「①・②・③……」のような数字《すうじ》を使《つか》うやり方《かた》もあります。

〈作《つく》り方《かた》〉

①二《に》まいのあつ紙《がみ》の短《みじか》い辺《へん》のかた方《ほう》に、……。

②二枚《にまい》のあつ紙《がみ》の、切《き》りこみを入《い》れた方《ほう》と反対《はんたい》

紙《かみ》のかえるの作《つく》り方《かた》

三《さん》年《ねん》二《に》組《くみ》　市《いち》村《むら》　春《はる》人《と》

〈ざいりょうと道《どう》具《ぐ》〉

・あつ紙《がみ》（たて八《はっ》センチメートル、横《よこ》五《ご》センチメートル二《に》まい）・わゴム（一《いっ》本《ぽん》）

・はさみ　・じょうぎ　・セロハンテープ

・色《いろ》えんぴつやペン

〈作《つく》り方《かた》〉

まず、二《に》まいのあつ紙《がみ》の短《みじか》い辺《へん》のかた方《ほう》に、はさみで二《に》か所《しょ》、切《き》りこみを入《い》れます。切《き》りこみは、左《さ》右《ゆう》のはしから一《いっ》センチメートルのところに、絵《え》のように入《い》れます。切《き》りこみの長《なが》さは、五《ご》ミリメートルぐらいにします。

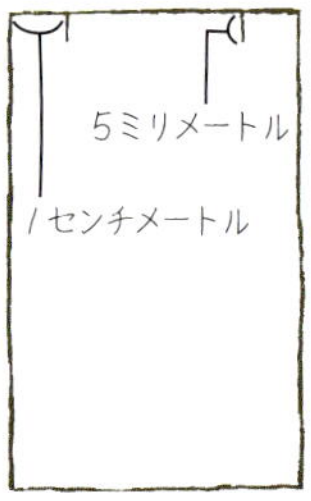

次《つぎ》に、二《に》まいのあつ紙《がみ》の、切《き》りこみを

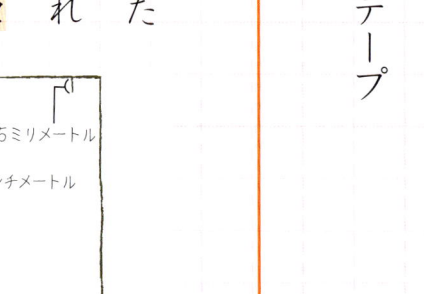

がわを、……。
③色《いろ》えんぴつやペンでかえるの絵《え》をかいて、……。

② 小見出《こみだ》しをつける

技術《ぎじゅつ》7 16ページ

書《か》いてある内容《ないよう》ごとに、小見出《こみだ》しをつけます。

③ 場所《ばしょ》や方向《ほうこう》を説明《せつめい》する

技術《ぎじゅつ》4 10ページ

読《よ》んだ人《ひと》がまちがわずにできるように、場所《ばしょ》や方向《ほうこう》を、正確《せいかく》に書《か》きます。

下《した》では、場所《ばしょ》は「左右《さゆう》のはしから一《いっ》センチメートルのところ」、方向《ほうこう》は「切《き》りこみを入《い》れた方《ほう》と反対《はんたい》がわ」のように表《あらわ》しています。

チェック
下《した》の文章《ぶんしょう》で、セロハンテープをはる場所《ばしょ》は、あつ紙《がみ》のどこと書《か》いてありますか。

入《い》れた方《ほう》と反対《はんたい》がわを、セロハンテープでつなぎ合《あ》わせます。このとき、あつ紙《がみ》とあつ紙《がみ》の間《あいだ》は、二《に》ミリメートルぐらいあけておきます。セロハンテープは、あつ紙《がみ》の表《おもて》とうらの両方《りょうほう》にはります。

さいごに、色《いろ》えんぴつやペンでかえるの絵《え》をかいて、絵《え》のように切《き》りこみにわゴムをひっかけたら、紙《かみ》のかえるのかんせいです。


〈遊《あそ》び方《かた》〉

わゴムが外《そと》がわになるように、紙《かみ》のかえるをひっくり返《かえ》します。ひっくり返《かえ》したら、そのままつくえの上《うえ》やゆかの上《うえ》において、手《て》でおさえます。

手《て》をはなすと、紙《かみ》のかえるがとび上《あ》がります。顔《かお》に当《あ》たらないように、気《き》をつけて遊《あそ》びましょう。

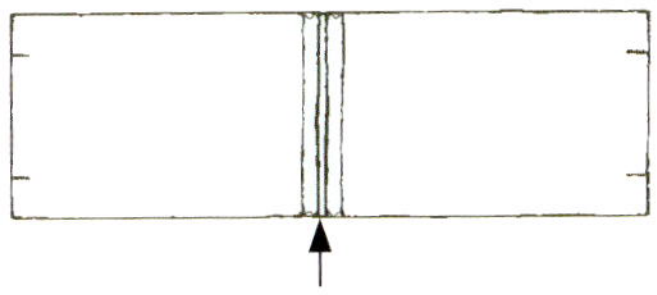

2ミリメートルあける

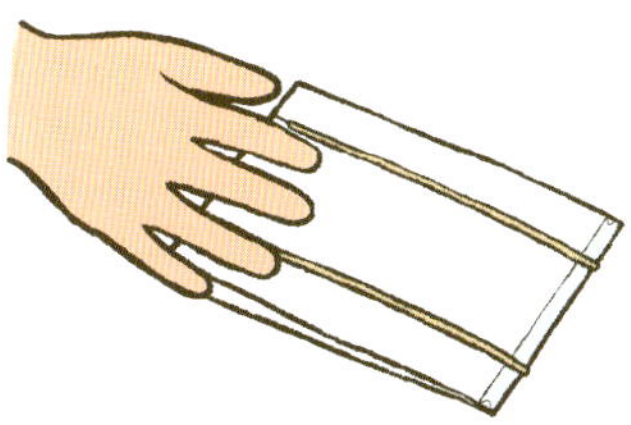

チェックの答《こた》え あつ紙《がみ》の表《おもて》とうら

活動《かつどう》3 説明文《せつめいぶん》を書《か》く

—ものごとを説明《せつめい》する—

ものごとを説明《せつめい》する文章《ぶんしょう》は，説明《せつめい》する相手《あいて》と目的《もくてき》をよく考《かんが》えて，相手《あいて》に知《し》らせたいことや相手《あいて》の知《し》りたいことがよりよくつたわるように書《か》きます。

1 説明文《せつめいぶん》の書《か》き方《かた》をたしかめる

あるものごとがどんなものかを説明《せつめい》する文章《ぶんしょう》を見《み》てみましょう。

次《つぎ》の文章《ぶんしょう》は、「湯《ゆ》たんぽ」のよいところを、湯《ゆ》たんぽを知《し》らない人《ひと》に向《む》けて説明《せつめい》したものです。

文章《ぶんしょう》は、「はじめ」「中《なか》」「終《お》わり」という組《く》み立《た》てになっています。「中《なか》」のところでは、湯《ゆ》たんぽのよいところを、れいをあげて説明《せつめい》しています。

湯《ゆ》たんぽのよいところ

三年一組《さんねんいちくみ》　大川《おおかわ》　ことね

冬休《ふゆやす》みに、おばあちゃんの家《いえ》ではじめて「湯《ゆ》たんぽ」を使《つか》いました。湯《ゆ》たんぽは、たて三十《さんじっ》センチメートル、横二十《よこにじっ》センチメートルぐらいの平《ひら》たいたまごがたの道具《どうぐ》で、金《きん》ぞくやプラスチックでできています。中《なか》に熱《あつ》いお湯《ゆ》を入《い》れてふくろをかぶせ、ねるときにふとんの中《なか》に入《い》れたりして、足《あし》もとを温《あたた》め

はじめ

これから、何《なに》について説《せつ》明《めい》するのかを書《か》きます。

活動《かつどう》の流《なが》れ

1 説明文《せつめいぶん》の書《か》き方《かた》をたしかめる

2 何《なに》を説明《せつめい》するかを決《き》める

注目《ちゅうもく》 3 書《か》くことを考《かんが》える

4 説明文《せつめいぶん》を書《か》く

▶湯《ゆ》たんぽ

るのに使《つか》います。この湯《ゆ》たんぽには、よいところがたくさんあるのです。

まず、お湯《ゆ》のねつをりようしているので、使《つか》っている間《あいだ》の電気代《でんきだい》がかかりません。そして、中《なか》に入《い》れるお湯《ゆ》の温度《おんど》や、かぶせるふくろのあつみで、かんたんに温度《おんど》をちょうせつすることができます。

さらに、お湯《ゆ》をこうかんすれば、何度《なんど》でもくり返《かえ》し使《つか》うことができます。使《つか》い終《お》わったあとのぬるくなったお湯《ゆ》も、顔《かお》をあらったり、せんたくに使《つか》ったりすることができるので、むだがありません。

また、湯《ゆ》たんぽは、小《ちい》さくて電気《でんき》コードなどがついていないので、自由《じゆう》に持《も》ち運《はこ》んで使《つか》えます。ふとんの中《なか》に入《い》れるだけでなく、おなかにかかえたり、ひざの上《うえ》にのせたりして使《つか》うこともできます。

このように、湯《ゆ》たんぽは、よいところがたくさんある道具《どうぐ》です。寒《さむ》い日《ひ》には、エアコンやヒーターの代《か》わりに、湯《ゆ》たんぽを使《つか》うのもいいのではないでしょうか。

中《なか》

取《と》り上《あ》げたものについて、くわしく説明《せつめい》します。ここでは、湯《ゆ》たんぽのよいところを、次《つぎ》の五《いつ》つのれいをあげて説明《せつめい》しています。

・使《つか》っている間《あいだ》の電気代《でんきだい》がかからない。
・かんたんに温度《おんど》をちょうせつすることができる。
・何度《なんど》でもくり返《かえ》し使《つか》うことができる。
・使《つか》い終《お》わったあとのお湯《ゆ》も、他《ほか》のことに使《つか》えるので、むだがない。
・自由《じゆう》に持《も》ち運《はこ》んで使《つか》える。

終《お》わり

文章全体《ぶんしょうぜんたい》のまとめを書《か》きます。

2 何《なに》を説明《せつめい》するかを決《き》める

まず、自分《じぶん》が相手《あいて》に何《なに》を知《し》らせたいか、相手《あいて》が知《し》りたいことは何《なに》かを考《かんが》えて、説明《せつめい》するものを決《き》めます。

この前《まえ》、おばあちゃんに、緑茶《りょくちゃ》には、飲《の》む以外《いがい》にもいろいろな使《つか》い道《みち》があるって聞《き》いたんだ。おもしろそうだから、このことを説明《せつめい》しよう。

わたしのクラスには、生《い》き物《もの》に興味《きょうみ》をもっている人《ひと》がたくさんいるよ。この間《あいだ》、水族館《すいぞくかん》で見《み》ためずらしい生《い》き物《もの》のことを、ぜひ説明《せつめい》したいな。

ぼくの宝物《たからもの》は、友《とも》だちが沖縄《おきなわ》に行《い》ったときに、おみやげに買《か》ってきてくれた星《ほし》のすなだ。どんなものなのか、みんなに説明《せつめい》しよう。

注目《ちゅうもく》

3 書《か》くことを考《かんが》える

① 説明《せつめい》する内容《ないよう》を考《かんが》える

説明《せつめい》するものについて、説明文《せつめいぶん》にどんな内容《ないよう》を書《か》くのかを決《き》めましょう。そして、読《よ》む人《ひと》にわかってもらうには、どんなことをどのような順番《じゅんばん》で、どのように説明《せつめい》したらよいのか、よく考《かんが》えましょう。

緑茶《りょくちゃ》には、お茶《ちゃ》として飲《の》む以外《いがい》にも、いろいろな使《つか》い道《みち》があることを説明《せつめい》したい。家《いえ》の人《ひと》にくわしく聞《き》いてみたら、飲《の》む「お茶《ちゃ》」と、お茶《ちゃ》をいれる前《まえ》の「茶葉《ちゃば》」、お茶《ちゃ》をいれたあとにのこる「茶《ちゃ》がら」のそれぞれに、いろいろな使《つか》い道《みち》があることがわかったよ。

緑茶《りょくちゃ》をこの三《みっ》つに分《わ》けて、それぞれがどんなふうに使《つか》えるのかを、順番《じゅんばん》に説明《せつめい》するのがわかりやすいかな。

② 説明《せつめい》する内容《ないよう》を書《か》き出《だ》す

説明《せつめい》する内容《ないよう》を、できるだけ短《みじか》いことばでカードやふせんに書《か》き出《だ》します。

●お茶《ちゃ》
・お茶《ちゃ》として飲《の》む。
・りょうりに使《つか》う。
→肉《にく》や魚《さかな》のくさみを取《と》る。
・うがいをする。
→かぜをひきにくくする。

●茶葉《ちゃば》
・お茶《ちゃ》をいれるのに使《つか》う。
・りょうりのざいりょうとして使《つか》う。
→体《からだ》によいせいぶんをすてずにとれる。

お茶《ちゃ》と茶葉《ちゃば》、茶《ちゃ》がらのそれぞれに、どんな使《つか》い道《みち》があるのかを説明《せつめい》するよ。お茶《ちゃ》と茶葉《ちゃば》、茶《ちゃ》がらに分《わ》けて、使《つか》い道《みち》をカードに書《か》き出《だ》したよ。

●茶《ちゃ》がら
・たたみなどのそうじに使《つか》う。
・れいぞう庫《こ》やげた箱《ばこ》のにおい消《け》しに使《つか》う。
・にゅうよくざいとして使《つか》う。
・ひりょうとして使《つか》う。

③ 全体《ぜんたい》の組《く》み立《た》てを考《かんが》える

1 でたしかめた説明文《せつめいぶん》の書《か》き方《かた》にそって、説明文《せつめいぶん》全体《ぜんたい》の組《く》み立《た》てを考《かんが》えます。「中《なか》」には、②で考《かんが》えた内容《ないよう》を書《か》きます。読《よ》む人《ひと》にうまくつたわるように、順番《じゅんばん》を工夫《くふう》して書《か》きましょう。

組《く》み立《た》てメモ

●はじめ
・緑茶《りょくちゃ》は身近《みぢか》な飲《の》み物《もの》だ。
・お茶《ちゃ》、茶葉《ちゃば》、茶《ちゃ》がらのそれぞれに、いろいろな使《つか》い道《みち》がある。

●中《なか》
・お茶《ちゃ》の使《つか》い道《みち》
・茶葉《ちゃば》の使《つか》い道《みち》
・茶《ちゃ》がらの使《つか》い道《みち》

●終《お》わり
・緑茶《りょくちゃ》にはいろいろな使《つか》い道《みち》があるので、ためしてみてほしい。

4 説明文《せつめいぶん》を書《か》く

3の③で作《つく》った組《く》み立《た》てメモをもとに、緑茶《りょくちゃ》の使《つか》い道《みち》を説明《せつめい》する文章《ぶんしょう》を書《か》くよ。

❶ れいをあげて説明《せつめい》する

どのようなものがあるのか、れいをあげて説明《せつめい》するとわかりやすくなります。

ここでは、緑茶《りょくちゃ》の茶葉《ちゃば》でいれたお茶《ちゃ》の使《つか》い道《みち》として、次《つぎ》の三《みっ》つのれいをあげています。

・お茶《ちゃ》として飲《の》む
・肉《にく》や魚《さかな》のくさみを取《と》る
・うがいをする

❷ わかりやすい文《ぶん》を書《か》く

→ 技術2 6ページ

一《ひと》つの文《ぶん》が長《なが》いと、全体《ぜんたい》

緑茶《りょくちゃ》の使《つか》い道《みち》

三年《さんねん》二《に》組《くみ》 中田《なかた》 はやと

わたしたちにとって緑茶《りょくちゃ》は、身近《みぢか》な飲《の》み物《もの》の一《ひと》つです。実《じつ》はこの緑茶《りょくちゃ》には、茶葉《ちゃば》でいれたお茶《ちゃ》、茶葉《ちゃば》そのもの、そしてお茶《ちゃ》をいれたあとの茶《ちゃ》がらのそれぞれに、いろいろな使《つか》い道《みち》があるのです。

まず、茶葉《ちゃば》でいれたお茶《ちゃ》です。はじめに思《おも》いつくのは、お茶《ちゃ》として飲《の》むことです。しかし、お茶《ちゃ》は、飲《の》み物《もの》として飲《の》むだけではなく、りょうりをするときに、肉《にく》や魚《さかな》のくさみを取《と》るのにも使《つか》うことができます。また、お茶《ちゃ》を使《つか》ったうがいには、かぜをひきにくくするこうかがあるそうです。

次《つぎ》に、茶葉《ちゃば》です。茶葉《ちゃば》はお茶《ちゃ》をいれるのに使《つか》います。それだけでなく、りょうりのざいりょうとして使《つか》うこともできます。

た茶《ちゃ》がらをまくことが多《おお》い」ということを表《あらわ》している。

の意味《いみ》がわかりにくくなります。一《ひと》つの文《ぶん》には一《ひと》つのことを書《か》くようにして、読《よ》みやすい文《ぶん》になるよう気《き》をつけましょう。

3 句読点《くとうてん》の打《う》ち方《かた》に気《き》をつける

↓技術3 8ページ

文《ぶん》の中《なか》の切《き》れ目《め》には読点《とうてん》（、）を、文《ぶん》の終《お》わりには句点《くてん》（。）を打《う》ちます。

読点《とうてん》は、打《う》つところがかわると、文《ぶん》の意味《いみ》がちがってくる場合《ばあい》があります。読点《とうてん》を打《う》つところに気《き》をつけましょう。

チェック

次《つぎ》の㋐と㋑の文《ぶん》には、どのような意味《いみ》のちがいがあるでしょうか。

㋐そうじをするときに、よくしぼった茶《ちゃ》がらをまく。

㋑そうじをするときによく、しぼった茶《ちゃ》がらをまく。

茶葉《ちゃば》をりょうりに入《い》れて食《た》べると、茶葉《ちゃば》にふくまれる体《からだ》によいせいぶんを、すてずにとることができます。

お茶《ちゃ》をいれたあとの茶《ちゃ》がらにも、使《つか》い道《みち》があります。たたみやフローリングのゆかのそうじをするときに、よくしぼった茶《ちゃ》がらをまいてからほうきではきます。すると、ほこりをたてずにそうじすることができます。また、茶《ちゃ》がらをかわかして、れいぞう庫《こ》やげた箱《ばこ》などに入《い》れると、におい消《け》しにもなります。他《ほか》にも、おふろに入《い》れてにゅうよくざいにしたり、畑《はたけ》などのひりょうにしたりもできます。

このように、緑茶《りょくちゃ》は、お茶《ちゃ》として飲《の》むだけでなく、茶葉《ちゃば》でいれたお茶《ちゃ》、茶葉《ちゃば》そのもの、お茶《ちゃ》をいれたあとの茶《ちゃ》がらのそれぞれを、さまざまなことに用《もち》いることができるのです。みなさんも、お茶《ちゃ》として飲《の》むいがいの緑茶《りょくちゃ》の使《つか》い道《みち》をためしてみてください。

チェックの答《こた》え　㋐は，「そうじをするときに，じゅうぶんしぼった茶《ちゃ》がらをまく」ということを表《あらわ》し，㋑は，「そうじをするときに，しぼっ

活動《かつどう》4

感《かん》じたことを書《か》く

毎日《まいにち》のくらしの中《なか》で，感《かん》じたことを文章《ぶんしょう》にします。心《こころ》にのこっている出来事《できごと》をくわしく思《おも》い出《だ》して，そのときに感《かん》じたことを，読《よ》む人《ひと》によくつたわるように書《か》きましょう。

1 書《か》くことを決《き》める

楽《たの》しかったことやうれしかったことを思《おも》い出《だ》し、そのときに感《かん》じたことを、文章《ぶんしょう》にまとめましょう。

まずは、これまでに起《お》こった出来事《できごと》や、自分《じぶん》がけいけんしたことの中《なか》から、心《こころ》にのこっていることを自由《じゆう》に書《か》き出《だ》します。その中《なか》から、いちばん書《か》きたいことをえらびましょう。

一年間《いちねんかん》をふり返《かえ》って、心《こころ》にのこっていることを書《か》き出《だ》してみたよ。
この中《なか》でいちばん思《おも》い出《だ》にのこっているのは「水泳《すいえい》の授業《じゅぎょう》」のことだ。このことを書《か》こう。

行事《ぎょうじ》
・遠足《えんそく》
・運動会《うんどうかい》
・学習発表会《がくしゅうはっぴょうかい》

勉強《べんきょう》
・ハムスターのかんさつ
・水泳《すいえい》のじゅぎょう
・ピアニカ
・九九《くく》の練習《れんしゅう》

教室《きょうしつ》で
・朝《あさ》の会《かい》の歌《うた》
・せきがえ
・きゅうしょく当番《とうばん》

活動《かつどう》の流《なが》れ

1 書《か》くことを決《き》める
2 思《おも》い出《だ》したことを書《か》き出《だ》す
注目《ちゅうもく》 3 思《おも》い出《だ》したことを整理《せいり》し，組《く》み立《た》てを考《かんが》える
4 感《かん》じたことを書《か》く

2 思《おも》い出《だ》したことを書《か》き出《だ》す

書《か》くことを決《き》めたら、その出来事《できごと》をくわしく思《おも》い出《だ》します。そして、そのときに何《なに》があったか、自分《じぶん》がどのように感《かん》じたかを、ふせんなどに書《か》き出《だ》します。

水泳《すいえい》の授業《じゅぎょう》

7月《がつ》から9月《がつ》まで，
水泳《すいえい》のじゅぎょうがあった。

夏休《なつやす》みにさとみちゃんと，
水《みず》の中《なか》で目《め》を開《あ》ける練習《れんしゅう》をした。

はじめて水《みず》の中《なか》で目《め》を開《あ》けら
れた。
「やったあ。」と思《おも》った。

目《め》が開《あ》けられるようになって，
プールがもっとすきになった。

一学期《いちがっき》の石拾《いしひろ》いゲーム。
あまり拾《ひろ》えなかった。
少《すこ》しくやしかった。

水《みず》の中《なか》でおにごっこやダンス
をした。
おもしろかった。

二学期《にがっき》の石拾《いしひろ》いゲーム。
たくさん拾《ひろ》えてうれしかった。

いろいろなゲームをした。
何回《なんかい》も転《ころ》んだけど楽《たの》しかった。

水泳《すいえい》の授業《じゅぎょう》では、どんな楽《たの》しいことやうれしいことがあったかな。よく考《かんが》えて、思《おも》い出《だ》したことを、ふせんにどんどん書《か》き出《だ》したよ。

出来事《できごと》を思《おも》い出《だ》すには、自分《じぶん》が書《か》いた日記《にっき》や絵《え》、そのときの写真《しゃしん》などを見返《みかえ》してみるのもいいね。

注目《ちゅうもく》

3 思《おも》い出《だ》したことを整理《せいり》し、組《く》み立《た》てを考《かんが》える

書《か》き出《だ》したふせんなどを見《み》て、関《かん》係《けい》のあるものがあれば、それをまとめます。

ふせんがまとまったら、「はじめ」「中《なか》」「終《お》わり」の文章《ぶんしょう》の組《く》み立《た》てにそって、どの内容《ないよう》をどこに書《か》くかを考《かんが》えましょう。

ふせんを下《した》のように整理《せいり》してみたよ。水泳《すいえい》の授業《じゅぎょう》の中《なか》でも、いちばん心《こころ》にのこっているのは、石拾《いしひろ》いゲームのことだ。ふせんもいちばん多《おお》かったよ。

7月《がつ》から9月《がつ》まで、
水泳《すいえい》のじゅぎょうがあった。

石拾《いしひろ》いゲームのこと

一学期《いちがっき》の石拾《いしひろ》いゲーム。
あまり拾《ひろ》えなかった。
少《すこ》しくやしかった。

夏休《なつやす》みにさとみちゃんと、
水《みず》の中《なか》で目《め》を開《あ》ける練習《れんしゅう》をした。

はじめて水《みず》の中《なか》で目《め》を開《あ》けられた。
「やったあ。」と思《おも》った。

二学期《にがっき》の石拾《いしひろ》いゲーム。
たくさん拾《ひろ》えてうれしかった。

石拾《いしひろ》いゲームの他《ほか》にしたこと

いろいろなゲームをした。
何回《なんかい》も転《ころ》んだけど楽《たの》しかった。

水《みず》の中《なか》でおにごっこやダンスをした。
おもしろかった。

目《め》が開《あ》けられるようになって、
プールがもっとすきになった。

はじめ	7月《がつ》から9月《がつ》まで， 水泳《すいえい》のじゅぎょうがあった。 水《みず》の中《なか》でおにごっこやダンスをした。 おもしろかった。 いろいろなゲームをした。 何回《なんかい》も転《ころ》んだけど楽《たの》しかった。
中《なか》	一学期《いちがっき》の石拾《いしひろ》いゲーム。 あまり拾《ひろ》えなかった。 少《すこ》しくやしかった。 夏休《なつやす》みにさとみちゃんと， 水《みず》の中《なか》で目《め》を開《あ》ける練習《れんしゅう》をした。 → はじめて水《みず》の中《なか》で目《め》を開《あ》けられた。 「やったあ。」と思《おも》った。 二学期《にがっき》の石拾《いしひろ》いゲーム。 たくさん拾《ひろ》えてうれしかった。
終《お》わり	目《め》が開《あ》けられるようになって， プールがもっとすきになった。

「はじめ」には、水泳《すいえい》の授業《じゅぎょう》でどんなことをしたかを書《か》くよ。

「中《なか》」には、いちばん心《こころ》にのこった石拾《いしひろ》いゲームについて書《か》きたい。ふせんの内容《ないよう》を、出来事《できごと》が起《お》こった順番《じゅんばん》にくわしく書《か》くことにしよう。

「終《お》わり」には、感《かん》じたことのまとめを書《か》こう。

4 感《かん》じたことを書《か》く

一年間《いちねんかん》をふり返《かえ》って、いちばん心《こころ》にのこっていることと、そのときに感《かん》じたことを書《か》くよ。3で決《き》めた組《く》み立《た》てにしたがって、次《つぎ》のようなことにも気《き》をつけて書《か》こう。

❶主語《しゅご》と述語《じゅつご》を合《あ》わせる

↓技術《ぎじゅつ》1 4ページ

文《ぶん》の中《なか》の主語《しゅご》と述語《じゅつご》が、合《あ》っているかをたしかめましょう。

下《した》の文《ぶん》では、主語《しゅご》は「いちばん思《おも》い出《で》にのこっているのは」、述語《じゅつご》は「石拾《いしひろ》いゲームです」で、主語《しゅご》と述語《じゅつご》が合《あ》っています。

一年間《いちねんかん》でいちばん心《こころ》にのこっていること

二年三組《にねんさんくみ》　山川《やまかわ》　ゆきな

七月《しちがつ》から九月《くがつ》まで、体育《たいいく》で水泳《すいえい》のじゅぎょうがありました。水泳《すいえい》のじゅぎょうでは、水《みず》の中《なか》でおにごっこをしたり、ダンスをしたりしました。いろいろなゲームもしました。その中《なか》で、いちばん思《おも》い出《で》にのこっているのは、石拾《いしひろ》いゲームです。

石拾《いしひろ》いゲームは、一学期《いちがっき》のさいごのじゅぎょうと二学期《にがっき》のさいしょのじゅぎょうでやりました。一学期《いちがっき》の石拾《いしひろ》いゲームでは、わたしは、あまり石《いし》を拾《ひろ》うことができませんでした。どうしてかというと、水《みず》の中《なか》で目《め》を開《あ》けるのがこわくて、目《め》をつぶっていたからです。みんなは、たくさん石《いし》を拾《ひろ》っていました。それを見《み》たら、少《すこ》しくやしくなりました。なかよしのさとみちゃんにそのことを話《はな》すと、さとみちゃんは、夏休《なつやす》みにいっしょにプールで

チェック
主語《しゅご》と述語《じゅつご》が合《あ》うように、　の部分《ぶぶん》をかえましょう。
「いちばん楽《たの》しかったのは、みんなと石拾《いしひろ》いゲームをしたのが楽《たの》しかったです。」

2 句読点《くとうてん》の打《う》ち方《かた》に気《き》をつける
↓技術3 8ページ

文《ぶん》の中《なか》の切《き》れ目《め》には読点《とうてん》（、）を、文《ぶん》の終《お》わりには句点《くてん》（。）を打《う》ちます。

読点《とうてん》を打《う》つときは、文《ぶん》の意味《いみ》が、読《よ》む人《ひと》にわかりやすく、正《ただ》しくつたわるように気《き》をつけましょう。

下《した》の文《ぶん》から読点《とうてん》をのぞくと、次《つぎ》のように、文《ぶん》の中《なか》の切《き》れ目《め》がわからず読《よ》みにくくなります。

「わたしははじめにどきんとしてそれからとてもわくわくしました。」


練習《れんしゅう》しようと言《い》ってくれました。

夏休《なつやす》みになって、二人《ふたり》でプールに行《い》きました。

「一《いち》、二《に》の三《さん》、で水《みず》にもぐって、四《し》、五《ご》、で目《め》を開《あ》けるよ。」

とやくそくして、二人《ふたり》でもぐりました。はじめはこわくて目《め》が開《あ》けられなかったけど、三回目《さんかいめ》で思《おも》い切《き》って目《め》を開《あ》けると、さとみちゃんがにっこりわらうのが見《み》えました。わたしは、「やったあ。」と思《おも》いました。

二学期《にがっき》のさいしょの水泳《すいえい》のじゅぎょうで、先生《せんせい》が、

「今日《きょう》は、石拾《いしひろ》いゲームをします。」

と言《い》いました。わたしは、はじめにどきんとして、それからとてもわくわくしました。わたしは今度《こんど》はしっかり目《め》を開《あ》けて、たくさん石《いし》を拾《ひろ》うことができました。一学期《いちがっき》のことを思《おも》い出《だ》して、本当《ほんとう》にうれしくなりました。

水《みず》の中《なか》で目《め》が開《あ》けられるようになったら、プールがもっとすきになりました。来年《らいねん》は、たくさん泳《およ》げるようになりたいです。

チェックの答《こた》え 「みんなと石拾《いしひろ》いゲームをしたことです。」など

活動《かつどう》 5

読書《どくしょ》感想文《かんそうぶん》を書《か》く

読書感想文《どくしょかんそうぶん》は，本《ほん》を読《よ》んで感《かん》じたことをまとめた文章《ぶんしょう》です。自分《じぶん》の感動《かんどう》やおどろき，読《よ》んで考《かんが》えたことなどが，読《よ》む人《ひと》につたわるように書《か》きましょう。

活動《かつどう》の流《なが》れ

1 本《ほん》をえらぶ

2 心《こころ》が動《うご》いた場面《ばめん》にしるしをつける

注目《ちゅうもく》 3 感想《かんそう》を整理《せいり》し，書《か》くことを考《かんが》える

4 読書感想文《どくしょかんそうぶん》を書《か》く

1 本《ほん》をえらぶ

読書感想文《どくしょかんそうぶん》を書《か》く本《ほん》をえらびます。図書館《としょかん》や書店《しょてん》には、さまざまなしゅるいの本《ほん》があります。実際《じっさい》に手《て》にとって、自分《じぶん》が「おもしろそうだな」「読《よ》んでみたいな」と思《おも》う本《ほん》をえらびましょう。

本《ほん》のしゅるい

・物語《ものがたり》や絵本《えほん》 ・科学読《かがくよ》み物《もの》

・伝記《でんき》 ・旅行記《りょこうき》

・詩集《ししゅう》 ・写真集《しゃしんしゅう》 など

図書館《としょかん》の本《ほん》などは、中《なか》を開《ひら》いて、少《すこ》し読《よ》んでみるといいね。

先生《せんせい》や友《とも》だち、家族《かぞく》など、まわりの人《ひと》におすすめの本《ほん》を聞《き》いてみるのもいいね。書店《しょてん》に行《い》くと、おすすめの本《ほん》に、しょうかい文《ぶん》がつけてあることもあるよ。それらも読《よ》んで参考《さんこう》にしよう。

ぼくは、「エルマーのぼうけん」に決《き》めたよ。お兄《にい》ちゃんが読《よ》んでいて、とてもわくわくする物語《ものがたり》だって言《い》っていたんだ。

2 心《こころ》が動《うご》いた場面《ばめん》にしるしをつける

本《ほん》を読《よ》みながら、自分《じぶん》の心《こころ》が動《うご》いた場面《ばめん》のページに、ふせんをはったり紙《かみ》をはさんだりして、しるしをつけていきます。「いいな」と思《おも》った場面《ばめん》や「どうしてだろう」と思《おも》った場面《ばめん》、いんしょうてきなせりふが出《で》てきた場《ば》面《めん》などを、えらんでいくとよいでしょう。

<ふせんをはった場面《ばめん》>

○ねこを助《たす》けた場面《ばめん》
○りゅうを助《たす》けに行《い》くと決《き》めた場面《ばめん》
○むぎぶくろに入《はい》ってふねをおりた場面《ばめん》
○りょうしのおじさんの話《はなし》を聞《き》いても，平気《へいき》で歩《ある》きつづけた場面《ばめん》
○とらにチューインガムをやった場面《ばめん》

読《よ》みながら、心《こころ》が動《うご》いた場面《ばめん》に、どんどんふせんをはっていったよ。いんしょうてきな場面《ばめん》がたくさんあったから、ふせんもたくさんはれたよ。
図書館《としょかん》の本《ほん》のように、みんなが読《よ》む本《ほん》には、書《か》きこんだり、色《いろ》をぬったりしたらだめだよ。あとがのこるから、ふせんもはらないようにして、紙《かみ》をはさむなど工夫《くふう》しよう。

○さいのつのをきれいにした場面《ばめん》
○ライオンのたてがみを三《み》つあみにした場面《ばめん》
○わにをつないで，川《かわ》に橋《はし》をかけた場面《ばめん》
○つなを切《き》って，りゅうを助《たす》けた場面《ばめん》

「エルマーのぼうけん」
ルース・スタイルス・ガネット 作《さく》
ルース・クリスマン・ガネット 絵《え》
渡辺茂男《わたなべしげお》 訳《やく》
福音館書店《ふくいんかんしょてん》

注目《ちゅうもく》

3 感想《かんそう》を整理《せいり》し、書《か》くことを考《かんが》える

本《ほん》を読《よ》み終《お》わったら、感想《かんそう》を整理《せいり》して、感想文《かんそうぶん》に書《か》くことを考《かんが》えましょう。

まず、ふせんをはったページをもう一度《いちど》読《よ》み返《かえ》します。そして、その中《なか》から、わくわくした場面《ばめん》やおどろいた場面《ばめん》、感動《かんどう》した場面《ばめん》など、いちばん心《こころ》にのこっている場面《ばめん》をえらびましょう。

他《ほか》にも、心《こころ》にひびいたせりふや、わすれられない登場人物《とうじょうじんぶつ》の行動《こうどう》などがあれば、それが出《で》てくる場面《ばめん》をえらぶのもよいでしょう。

ふせんをはったページはたくさんあったけど、いちばん心《こころ》にのこっているのは、エルマーがりゅうのつなを切《き》る場面《ばめん》だな。

「じっと、じっとしてるんだよ。いい子《こ》だから。……」というせりふがとってもいんしょうてきで、「エルマーはすごい。」といちばん強《つよ》く感《かん》じたんだ。

場面《ばめん》をえらんだら、その場面《ばめん》を読《よ》んで感《かん》じたことや考《かんが》えたことを整理《せいり》して、感想文《かんそうぶん》に書《か》くことをまとめます。

なぜその場面《ばめん》が心《こころ》にのこっているのか、その場面《ばめん》のどこがいいと感《かん》じたのかなどを、次《つぎ》のようにして考《かんが》えましょう。

●登場人物《とうじょうじんぶつ》を、自分《じぶん》におきかえて考《かんが》える

自分《じぶん》がその登場人物《とうじょうじんぶつ》になった場合《ばあい》を想像《そうぞう》して、自《じ》分《ぶん》ならどうするかを考《かんが》えます。

●登場人物《とうじょうじんぶつ》の気持《きも》ちを想像《そうぞう》する

いんしょうにのこったせりふや行動《こうどう》などについて、登場人物《とうじょうじんぶつ》の気持《きも》ちを想像《そうぞう》します。

●自分《じぶん》の体験《たいけん》を思《おも》い出《だ》す

登場人物《とうじょうじんぶつ》と同《おな》じような体験《たいけん》をしたことがあれば、そのときのことを思《おも》い出《だ》します。

もしぼくがエルマーだったら、あんなふうに、落《お》ち着《つ》いてりゅうを助《たす》けることができるかな。考《かんが》えて、書《か》いてみよう。

感想文《かんそうぶん》には、えらんだ場面《ばめん》の感想《かんそう》のほかに、次《つぎ》のようなことを書《か》くのもよいでしょう。

●本《ほん》のあらすじ

読《よ》む人《ひと》に向《む》けて、本《ほん》の内容《ないよう》をかんたんにしょうかいします。

●本《ほん》との出会《であ》い

その本《ほん》を読《よ》んだきっかけや、はじめて手《て》に取《と》ったときのいんしょうなどを書《か》きます。

●表紙《ひょうし》や、さし絵《え》から感《かん》じたこと

表紙《ひょうし》を見《み》て感《かん》じたことや想像《そうぞう》したこと、さし絵《え》のいんしょうなどを書《か》きます。

●発見《はっけん》したことや、自分《じぶん》の変化《へんか》

本《ほん》を読《よ》んではじめて知《し》ったことがあれば、感想《かんそう》と合《あ》わせて書《か》きます。また、本《ほん》を読《よ》んで考《かんが》えがかわったということがあれば、どのようにかわったかを書《か》きます。

●作者《さくしゃ》について

作者《さくしゃ》について知《し》っていることを、本《ほん》の内容《ないよう》と合《あ》わせて書《か》きます。本《ほん》にこめられた作者《さくしゃ》の思《おも》いなどを想《そう》像《ぞう》して書《か》いてもよいでしょう。

「エルマーのぼうけん」の感想文《かんそうぶん》を、次《つぎ》のような組《く》み立《た》てで書《か》くことにしたよ。はじめに、本《ほん》のかんたんなしょうかいと、表紙《ひょうし》を見《み》たときの感想《かんそう》を書《か》こう。最後《さいご》には、まとめの感想《かんそう》を書《か》くよ。

組《く》み立《た》てメモ

●本《ほん》のあらすじ

●表紙《ひょうし》を見《み》たときの感想《かんそう》

●いちばん心《こころ》にのこった場面《ばめん》

——つなを切《き》って、りゅうを助《たす》ける場面《ばめん》

・エルマーのせりふ

「じっと、じっとしてるんだよ。いい子《こ》だから。……」

・もしぼくが、エルマーだったら。

●まとめの感想《かんそう》

4 読《どく》書《しょ》感《かん》想《そう》文《ぶん》を書《か》く

3で作《つく》った組《く》み立《た》てメモをもとに、「エルマーのぼうけん」の読《どく》書《しょ》感《かん》想《そう》文《ぶん》を書《か》くよ。次《つぎ》のことにも気《き》をつけて書《か》こう。

1 本《ほん》をしょうかいする

どんな本《ほん》かがわかるように、内容《ないよう》をおおまかにしょうかいします。

2 わかりやすい文《ぶん》を書《か》く

読《よ》む人《ひと》にわかりやすい、一文《いちぶん》の長《なが》さを考《かんが》えましょう。

→技術2 6ページ

この三《みっ》つの文《ぶん》のように、一《ひと》つの文《ぶん》に一《ひと》つのことを書《か》くようにすると、わかりやすい文《ぶん》になります。

「エルマーのぼうけん」を読《よ》んで

三《さん》年《ねん》四《よん》組《くみ》　わたなべ　れん

　この本《ほん》は、小《ちい》さい男《おとこ》の子《こ》のエルマーが、動《どう》物《ぶつ》たちにとらえられたりゅうを、助《たす》けに行《い》くぼうけん物《もの》語《がたり》です。

　表《ひょう》紙《し》を見《み》たとき、ぼくはこの本《ほん》を、男《おとこ》の子《こ》とライオンがなかよく旅《たび》する物《もの》語《がたり》だと思《おも》いました。なぜかというと、リボンをつけたライオンの顔《かお》が、とてもうれしそうに見《み》えたからです。だから、読《よ》み始《はじ》めてみて、エルマーが一人《ひとり》で、ぼうけんに出《で》る話《はなし》だと知《し》っておどろきました。

　この本《ほん》の中《なか》でいちばん心《こころ》にのこっているのは、エルマーがりゅうを助《たす》ける場《ば》面《めん》です。りゅうをつないでいるつなは、なかなか切《き》れません。だまされたことに気《き》づいておこった動《どう》物《ぶつ》たちが追《お》いかけてきます。りゅうは、エルマーをせかしつづけます。ぼくは、いつ動《どう》物《ぶつ》たちが川《かわ》をわたってくるかと思《おも》い、心《しん》配《ぱい》ではらはらしました。

チェック 次《つぎ》の長《なが》い文《ぶん》は、下《した》では、いくつの文《ぶん》に分《わ》かれているでしょうか。
「りゅうをつないでいるつなは、なかなか切《き》れなくて、だまされたことに気《き》づいておこった動物《どう ぶつ》たちが追《お》いかけてきて、りゅうは、エルマーをせかしつづけます。」

3 文章《ぶんしょう》や文《ぶん》を書《か》きぬく

いんしょうにのこったせりふや場面《ばめん》などがあれば、「　」をつけて本《ほん》からそのまま書《か》きぬきましょう。読《よ》む人《ひと》に生《い》き生《い》きとつたえることができます。

4 自分《じぶん》におきかえて考《かんが》える

登場人物《とうじょうじんぶつ》を自分《じぶん》におきかえて、自分《じぶん》だったらどうするかを考《かんが》えて書《か》くのもこうかてきです。


でもエルマーは、あわてませんでした。「じっと、じっとしてるんだよ。いい子《こ》だから。まにあうとも。じっとして、たってておくれよ。」と、りゅうを落《お》ち着《つ》かせます。

それから、もし全部《ぜんぶ》つながが切《き》れなかったら、川《かわ》の反対《はんたい》がわにとんで、そこで切《き》ろうとていあんします。

それまでにも、エルマーが動物《どうぶつ》たちからうまくにげるたびに、「頭《あたま》がよくてゆうきがあるなあ。」と感心《かんしん》していました。しかしこの場面《ばめん》では、頭《あたま》のよさやゆうきはもちろん、エルマーの落《お》ち着《つ》いたたいどに、ぼくはとてもおどろきました。

ぼくだったら、ぜったいにこんなふうにはできません。あせって、手《て》がふるえてしまうと思《おも》うし、先《さき》のことなんかとても考《かんが》えられないと思《おも》います。

ちえとゆうきがあって、どんなときでも落《お》ち着《つ》いていられるエルマーは、本当《ほんとう》にりっぱだと思《おも》います。ぼくもエルマーのように、ピンチでもあせらず落《お》ち着《つ》いて、行動《こうどう》できるようになりたいと思《おも》いました。

チェックの答《こた》え　3つ

科《か》学《がく》読《よ》み物《もの》の読《どく》書《しょ》感《かん》想《そう》文《ぶん》のれい

身《み》のまわりの自然《しぜん》や生活《せいかつ》について書《か》いてある本《ほん》（科学読《かがくよ》み物《もの》）も、おもしろいよ。わたしは、この間読《あいだよ》んだ「しもばしら」のでき方《かた》が書《か》かれた本《ほん》の読書感想文《どくしょかんそうぶん》を書《か》こう。

❶読《よ》んだ本《ほん》の題材《だいざい》を書《か》く

読《よ》んだ本《ほん》が、何《なに》について書《か》かれた本《ほん》なのかをしめします。

下《した》では、読《よ》む人《ひと》に問《と》いかけるような書《か》き方《かた》で、「しもばしら」についての本《ほん》であることをしめしています。

「しもばしら」を読《よ》んで

三年三組《さんねんさんくみ》　大竹《おおたけ》　まり子《こ》

しもばしらが、どのようにしてできるか、知《し》っていますか。この「しもばしら」という本《ほん》は、寒《さむ》い朝《あさ》に、おばあちゃんと畑《はたけ》に出《で》かけたはーちゃんが、しもばしらを見《み》つけるところから始《はじ》まります。しもばしらをはじめて見《み》たはーちゃんは、おばあちゃんに、しもばしらがどうやってできるのかを聞《き》きます。そして、おばあちゃんに教《おそ》わって、れいとう庫《こ》で自分《じぶん》のしもばしらを作《つく》ります。

わたしは、今年《ことし》のお正月《しょうがつ》におじいちゃんの家《いえ》の庭《にわ》で、はじめてしもばしらを見《み》ました。はーちゃんと同《おな》じように、わたしも、それが何《なに》かわからなかったので、おじいちゃんに聞《き》きました。おじいちゃんは、「これはしもばしらといって、寒《さむ》い日《ひ》にできるんだよ。」と教《おし》えてくれました。そのときは、ふむとサクサク音《おと》がしておもしろいな

❷自分《じぶん》の体験《たいけん》を書《か》く

本《ほん》を読《よ》んで思《おも》い出《だ》した自《じ》分《ぶん》の体験《たいけん》があれば、そのことを書《か》くのもこうかてきです。
登場人物《とうじょうじんぶつ》とくらべるなどして、そのとき自分《じぶん》はどうしたか、どう思《おも》ったかなどを書《か》きましょう。

❸わかったことと、それについての感想《かんそう》を書《か》く

科学読《かがくよ》み物《もの》を読《よ》むと、それまで知《し》らなかったさまざまなことを知《し》ることができます。
感想文《かんそうぶん》には本《ほん》を読《よ》んでわかったことだけでなく、そこから自分《じぶん》が感《かん》じたことや考《かんが》えたことを、合《あ》わせて書《か》きましょう。

「しもばしら」
野坂勇作《のさかゆうさく》 作《さく》 福音館書店《ふくいんかんしょてん》

と思《おも》いましたが、どうやってできるのかや、どんな形《かたち》があるのかなどは、気《き》にしませんでした。

「しもばしら」には、しもばしらのでき方《かた》がくわしく書《か》いてありました。まず、地面《じめん》の近《ちか》くの水《みず》が、つめたい空気《くうき》にふれて小《ちい》さな氷《こおり》のつぶになります。すると、そのつぶに向《む》かって水《みず》が集《あつ》まってきて、はじめにできた氷《こおり》のつぶをおしあげながらつぎつぎにこおって、しもばしらになるのだそうです。なんとなく、上《うえ》から落《お》ちてきた水《みず》がこおりながらつみ重《かさ》なっていくのかと思《おも》っていたので、おどろきました。また、こおるときの温度《おんど》によって、花《はな》のようなしもばしらもできるというのもおどろきでした。

でも、いちばんわたしがおどろいたのは、しもばしらが、家《いえ》のれいとう庫《こ》で作《つく》れるということです。はーちゃんが「はーちゃんのしもばしら」を作《つく》る様子《ようす》を読《よ》んで、わたしも自分《じぶん》のしもばしらを作《つく》ってみたくなりました。

活動《かつどう》6 詩《し》を書《か》く

何《なに》かを見《み》たり聞《き》いたりして受《う》けた感動《かんどう》を，詩《し》に表《あらわ》します。ことばのリズムをととのえながら，短《みじか》いことばの中《なか》でうまく表現《ひょうげん》しましょう。

活動《かつどう》の流《なが》れ

1 詩《し》を味《あじ》わう

注目《ちゅうもく》 2 何《なに》について，どのような詩《し》を書《か》くかを考《かんが》える

3 詩《し》を書《か》く

1 詩《し》を味《あじ》わう

詩《し》には、短歌《たんか》や俳句《はいく》のように決《き》まった型《かた》で書《か》く詩《し》と、型《かた》にはめずに、自由《じゆう》に書《か》く詩《し》の二《ふた》つのしゅるいがあります。ここでは、自分《じぶん》の感動《かんどう》を、自由《じゆう》に詩《し》に表《あらわ》します。

まずは次《つぎ》の詩《し》を読《よ》んで、詩《し》のリズムやひびきを味《あじ》わってみましょう。そして、詩《し》にえがかれている場面《ばめん》を、想像《そうぞう》してみましょう。

「うみと　わたし」では、うみを人間《にんげん》に見立《みた》てているね。「うみが～したから　わたしも～した」という表現《ひょうげん》が三回《さんかい》出《で》てきて、どくとくのリズムを生《う》んでいるよ。

きまりことば

阪田《さかた》寛夫《ひろお》

「ぽかぽか　おひさま
そよそよ　はるかぜ

「きまりことば」は、出《で》かけてから帰《かえ》ってねるまでに、感《かん》じたことやしたことを、音《おと》や様子《ようす》を表《あらわ》すことばを使《つか》って表現《ひょうげん》した詩《し》だ。音《おと》を表《あらわ》すことばは、かたかなで書《か》くことが多《おお》いけれど、この詩《し》では、様子《ようす》を表《あらわ》すことばと同《おな》じように、ひらがなで書《か》いているね。

うみと　わたし

岸《きし》田《だ》　衿《えり》子《こ》

うみが　りょうてを　ひろげて
はしってきたから
わたしも　りょうてを　ひろげて
はしっていったの

うみが　しゃらしゃら
なみで　くすぐったから
わたしも　しゃらしゃら
くすぐってあげた

うみが　さよなら　さよなら
てをふったから
わたしも　さよなら　さよなら
てをふってあげた

人間《にんげん》ではないものを、人間《にんげん》に見立《みた》てて表《あらわ》す。

音《おと》や様子《ようす》を表《あらわ》すことばを使《つか》う。

てくてく　あるけば
るんるん　たのしい
えっちらおっちら　さかみち
たらたら　いいあせ
ごくごく　みずのむ
へとへと　おつかれ
ぺこぺこ　おなか
やれやれ　きゅうけい
ぎらぎら　ゆうひだ
よたよた　もどって
ぴんぽーん　ただいま
むしゃむしゃ　ごはん
じゃぶじゃぶ　おふろ
ばたんきゅう　おやすみ

どちらの詩《し》も、どんな様子《ようす》なのかがよくわかるね。それに、声《こえ》に出《だ》して読《よ》んだら、リズムがよくてとても気持《きも》ちよかったんだ。わたしも、詩《し》を作《つく》ってみよう。

注目《ちゅうもく》

2 何《なに》について、どのような詩《し》を書《か》くかを考《かんが》える

① 何《なに》を詩《し》に書《か》くかを決《き》める

身近《みぢか》なものの中《なか》から、詩《し》に書《か》くことを決《き》めましょう。まずは、自分《じぶん》がすきなもの、気《き》になるもの、うれしかったことなどを、自由《じゆう》に書《か》き出《だ》してみましょう。そして、その中《なか》から詩《し》に書《か》くことをえらびます。

すきなものや、気《き》になるものなどを、いろいろ書《か》き出《だ》してみたよ。
家《いえ》の近《ちか》くの公園《こうえん》は、広《ひろ》くて自然《しぜん》がたくさんあるから、よく行《い》くんだ。この前《まえ》、妹《いもうと》と遊《あそ》びに行《い》ったときのことを、詩《し》に書《か》いてみようかな。

●すきなもの（こと）

・家《いえ》でかっている犬《いぬ》と遊《あそ》ぶこと。
・近《ちか》くの公園《こうえん》に行《い》くこと。
・家《いえ》の庭《にわ》。
・グラウンドで、みんなと遊《あそ》ぶこと。

●きれいだと思《おも》ったもの（こと）

・いろいろかわる空《そら》の様子《ようす》。
・遠足《えんそく》で登《のぼ》った山《やま》から見《み》たけしき。

●気《き》になるもの

・学校《がっこう》のまわりに植《う》えてあるやなぎの木《き》。
・いつも、通学路《つうがくろ》で見《み》かけるねこ。

●うれしかったこと

・なわとびで、二重《にじゅう》とびをつづけて三十回《さんじっかい》とべたこと。
・夏休《なつやす》みにかいた絵《え》が、コンクールで、金《きん》しょうをとったこと。

② 内容《ないよう》を考《かんが》える

詩《し》に、どんなことを書《か》くかを考《かんが》えます。①で書《か》こうと決《き》めたことについて、思《おも》いついたことや考《かんが》えたこと、気《き》がついたことを、ノートなどに自由《じゆう》に書《か》き出《だ》すとよいでしょう。ものの様子《ようす》やまわりの風景《ふうけい》なども、よく思《おも》い出《だ》してみましょう。

下《した》のように、思《おも》い出《だ》したことを、どんどんつなげて書《か》き出《だ》してみたよ。

音《おと》や様子《ようす》は、「ピューピュー」や「にこにこ」のようなことばを使《つか》って、表《あらわ》してみよう。他《ほか》には、どんなことばを使《つか》うといいかな。

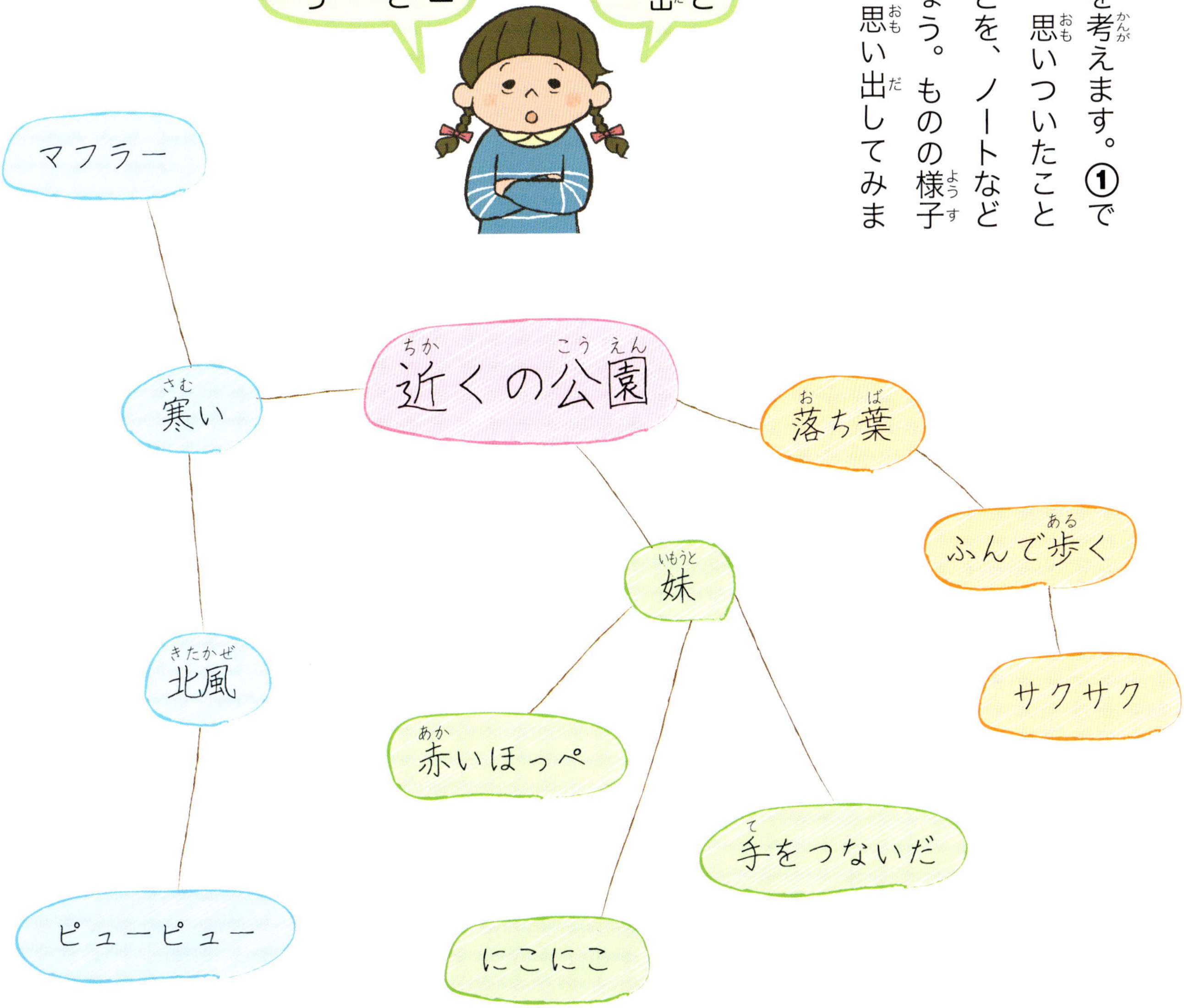
近《ちか》くの公園《こうえん》
寒《さむ》い
マフラー
北風《きたかぜ》
ピューピュー
落《お》ち葉《ば》
ふんで歩《ある》く
サクサク
妹《いもうと》
赤《あか》いほっぺ
手《て》をつないだ
にこにこ

3 詩《し》を書《か》く

2で考《かんが》えたことをもとに、詩《し》を書《か》くよ。次《つぎ》のようなことにも気《き》をつけて書《か》こう。

1 聞《き》いた音《おと》を書《か》く

技術6 14ページ

聞《き》こえてきた音《おと》を、音《おと》を表《あらわ》すことばを使《つか》って表《あらわ》します。

2 様子《ようす》を書《か》く

技術5 12ページ

様子《ようす》がよくつたわるように、様子《ようす》を表《あらわ》すことばを使《つか》ったり、たとえを使《つか》ったりします。
下《した》の詩《し》では、「ほっぺの赤《あか》さ」を「りんご」にたとえています。

秋《あき》のさんぽ道《みち》

三年《さんねん》一《いち》組《くみ》　森《もり》　さやか

足《あし》もとでは
サクサク　落《お》ち葉《ば》の音《おと》
耳《みみ》もとでは
ピューピュー　風《かぜ》の音《おと》
首《くび》には
ぐるぐる　マフラーまいて
右手《みぎて》は
ぎゅっと　つないでる
りんごのほっぺで　にこにこわらう
妹《いもうと》と歩《ある》く　秋《あき》のさんぽ道《みち》

物《もの》を人間《にんげん》に見立《みた》てた詩《し》のれい

ぼくは、この前《まえ》、朝《あさ》ごはんの用意《ようい》をてつだったときのことを詩《し》にしたよ。てぎわよく用意《ようい》していくのが、なんだか楽《たの》しかったんだ。

人間《にんげん》に見立《みた》てて書《か》く

人間《にんげん》でないものを、人間《にんげん》であるかのように書《か》きます。

ここでは、「やかんがおこりだす」や「パンがとびはねる」のように、道具《どうぐ》や食《た》べ物《もの》がまるで自分《じぶん》で動《うご》いているかのように書《か》いています。

朝《あさ》ごはん

三年《さんねん》二《に》組《くみ》　さいとう　ゆう

ピーッとやかんがおこりだす
チーンとパンがとびはねて
おさらでいばる目玉焼《めだまや》き
ちょっぴりハムが顔《かお》を出《だ》す
パリッとサラダはとくい顔《がお》

スープをそそいで
じゅんびかんりょう

みんなそろって
いただきます

た行《ぎょう》

技 題名《だいめい》……17,20
技 たとえ……13
活 たとえ……28,60
技 段落《だんらく》……21
活 登場人物《とうじょうじんぶつ》……50,53
技 読点《とうてん》……8,9,21
活 読点《とうてん》……41,47
活 読書感想文《どくしょかんそうぶん》……48,52,54

は行《ぎょう》

技 場所《ばしょ》……10,11
活 場所《ばしょ》……35
活 場面《ばめん》……49,50,53
活 ひびき……56
活 表紙《ひょうし》……51
技 ひらがな……22,23
活 ひらがな……56

ま行《ぎょう》

技 見出《みだ》し……16
技 見《み》た様子《ようす》……12
活 見《み》た様子《ようす》……27
技 文字《もじ》……22
活 物語《ものがたり》……48

や行《ぎょう》

技 様子《ようす》を表《あらわ》すことば……13
活 様子《ようす》を表《あらわ》すことば……56

ら行《ぎょう》

活 リズム……56,57
活 れい……36,37,40

わ行《ぎょう》

技 わかりやすい文《ぶん》……6
活 わかりやすい文《ぶん》……40,52

索《さく》引《いん》

この本《ほん》に出《で》てきたことばを50音順《おんじゅん》でならべています。
技は技術《ぎじゅつ》のページ，活は活動《かつどう》のページであることをしめしています。

あ行《ぎょう》

活 あらすじ……51
技 大見出《おおみだ》し……17
技 送《おく》りがな……23
技 音《おと》や様子《ようす》を表《あらわ》すことば……15
活 音《おと》や様子《ようす》を表《あらわ》すことば……27,56,57
技 音《おと》を表《あらわ》すことば……23
活 音《おと》を表《あらわ》すことば……56,60

か行《ぎょう》

技 会話文《かいわぶん》……20
活 科学読《かがくよ》み物《もの》……48,54,55
技 かぎ……20,21
技 かじょう書《が》き……18,19
活 かじょう書《が》き……31,34
技 かたかな……22,23
活 かたかな……56
活 観察記録《かんさつきろく》……24,27,28
技 漢字《かんじ》……22,23
技 聞《き》いた音《おと》……14
技 句点《くてん》……9,20,21
活 句点《くてん》……41,47
技 句読点《くとうてん》……8,9
活 句読点《くとうてん》……41,47
技 原稿用紙《げんこうようし》……20
技 小見出《こみだ》し……16,17
活 小見出《こみだ》し……30,35

さ行《ぎょう》

活 作者《さくしゃ》……51
活 さし絵《え》……51
技 さわった感《かん》じ……12
活 詩《し》……56,60,61
技 主語《しゅご》……4,5,7
活 主語《しゅご》……46
技 述語《じゅつご》……4,5
活 述語《じゅつご》……46
活 説明文《せつめいぶん》……30,34,36,40
活 せりふ……49,50,53

監修

佐渡島紗織（さどしまさおり）

早稲田大学国際学術院教授。専門は国語教育学。著書に『これから研究を書くひとのためのガイドブック』（共著　ひつじ書房），『文章チュータリングの理念と実践』（編著　ひつじ書房）などがある。

髙木まさき（たかぎまさき）

横浜国立大学大学院教授。専門は国語教育学。著書に『「他者」を発見する国語の授業』（大修館書店），『情報リテラシー　言葉に立ち止まる国語の授業』（編著　明治図書出版），『国語科における言語活動の授業づくり入門』（教育開発研究所）などがある。

森山卓郎（もりやまたくろう）

早稲田大学文学学術院教授・京都教育大学名誉教授。専門は日本語学。著書に『日本語・国語の話題ネタ』（編著　ひつじ書房），『教師コミュニケーション力』（編著　明治図書出版），『コミュニケーションの日本語』（岩波ジュニア新書），『日本語の〈書き〉方』（岩波ジュニア新書）などがある。

編集

青山由紀（あおやまゆき）

筑波大学附属小学校教諭。著書に『話すことが好きになる子どもを育てる』（東洋館出版社），『子どもを国語好きにする授業アイデア』（学事出版），『こくごの図鑑』（小学館），『古典が好きになる―まんがで見る青山由紀の授業アイデア10』（光村図書出版）などがある。

岸田 薫（きしだかおる）

前神奈川県横浜市立並木中央小学校主幹教諭。横浜市小学校国語教育研究会所属。小学校における語彙指導の在り方について研究している。著書に『読解力UP!　小学校全体で取り組む「読書活動」プラン』（共著　明治図書出版）などがある。

●**写真提供** アフロ
●**装丁・デザイン** 株式会社ダイアートプランニング（大場由紀・横山恵子）
●**表紙イラスト** フジタタカヒロ
●**本文イラスト** 秋野純子　あきんこ　長尾映美
●**編集協力** 株式会社 童夢

●**主要参考文献**

『日本語の〈書き〉方』（岩波ジュニア新書），『書き方がわかる　はじめての文章レッスン』（学研教育出版），『これから研究を書くひとのためのガイドブック』（ひつじ書房），『文章チュータリングの理念と実践』（ひつじ書房），『おどろきいっぱい かがくのとびら④』（光村教育図書），『「書くこと」の授業をつくる』（光村図書出版）

光村の国語　みんなが書ける！ あつめて，まとめて，書く技術 ❶

観察記録を書く　説明文を書く　感じたことを書く　読書感想文を書く　詩を書く

2014年 2 月16日　第1刷発行
2018年11月27日　第2刷発行

監修　佐渡島紗織　髙木まさき　森山卓郎
編集　青山由紀　岸田 薫
発行者　安藤雅之
発行所　光村教育図書株式会社
〒141-0031　東京都品川区西五反田2-27-4
TEL 03-3779-0581（代表）
FAX 03-3779-0266
http://www.mitsumura-kyouiku.co.jp/
印刷　株式会社 精興社
製本　株式会社 ブックアート

ISBN978-4-89572-910-9　C8081　NDC816
64p　27×22cm

Published by Mitsumura Educational Co.,Ltd.Tokyo,Japan

わたしは、ペットボトルの花びんがいいな。

ぼくは本物のロケット。